Dale Carnegic
戴爾・卡耐基
經典名著

全世界暢銷書・勵志類排行榜第一名

戴爾・卡耐基　著

林郁　主編

名人推薦

除了自由女神，卡耐基或許就是美國的象徵。

——《時代周刊》

在出版史上，沒有任何一本書能像卡耐基那樣持久地深入人心，也唯有卡耐基的書，才能在他辭世半個世紀後，還占據著我們的排行榜。

——《紐約時報》

與我們應取得的成就相比，我們只不過是半醒著，我們只利用了身心資源的一部分。卡耐基因為幫助職業人士開發他們蘊藏著的潛能，在成人教育中掀起了一種風靡全球的運動。

——威廉·詹姆斯（哈佛大學著名心理學教授）

由卡耐基開創並倡導的個人成功學，已經成為這個時代有志青年邁向成功的階梯，通過它的傳播和教導，無數人明白了積極生活的意義，並由此改變了他們的命運。卡耐基留給我們的不僅僅是幾本書和一所學校，其實真正價值是：他把個人成功的技巧傳授給了每一個想成功的年輕人。

——甘迺迪總統（1963 年在卡耐基逝世紀念會上的演講）

你真想將自己的生活改變的更好嗎？如果是，那麼本書可能是你們遇到的最好的書之一。閱讀它，再閱讀它，然後開始行動。

——奧格·曼丁諾《世界上最偉大的推銷員》作者

《讀者文摘》特別推介：
本書對你有什麼影響？

一、改變你陳舊的觀念，給你新的一頁，讓你耳目一新！

二、使你交友迅速，廣受歡迎，易得知己。

三、幫助你不畏困難，建立積極的人生觀。

四、幫助你使人贊同你，喜歡你。

五、增加你的聲望，和你成功事業的能力。

六、使你獲得新的機會。

七、增加你賺錢的能力。

八、幫助你成為一個更好的推銷員或高級職員。

九、幫助你應付抱怨，避免責難，使你與人相親相愛。

十、使你成為一個更好的演說家，一個健談者。

十一、使你每日生活中，易於應付這些心理學上的原則。

十二、使得有你在的場合，便可激起人生的熱忱。

最客觀公正的評價

卡耐基於一九五五年 11 月 1 日去世，只差幾個星期 67 歲。追悼會在森林山舉行，被葬在密蘇里州他父母親墓地的附近。一九五五年 11 月 3 日，《華盛頓郵報》刊載了下面這段文字——

「那些憤世嫉俗的人過去常常揣測，如果每個人都接受並且遵照卡耐基的話去做，那將會成什麼局面？卡耐基先生在星期二去世了，他從來不屑於這些世故者的風涼話。他知道自己所做的事，而且做得極好。他在自己的書中和課程上，努力教導一般人克服無能的感覺，學會如何說話、如何為人處事。

「千百萬人受到他的影響，他的這些人生的哲理如文明一樣古老，如『十誡』一般簡明，對於人們在這個混亂的年代裡，獲得快樂和成就有極大的幫助！」

關於本書

戴爾・卡耐基（Dale Carnegie, 1888 年 11 月 24 日—1955 年 11 月 1 日），美國著名人際關係學大師，美國現代成人教育之父，西方現代人際關係教育的奠基人，被譽為是二十世紀最偉大的心靈導師和成功學大師。

戴爾・卡耐基利用大量一般人不斷努力取得成功的故事，通過演講和著作喚起無數陷入迷惘者的鬥志，激勵他們取得輝煌的成功。其在 1936 年出版的著作《人性的弱點》，將近一百年來始終被西方世界視為社交技巧的聖經之一。他在 1912 年創立卡耐基訓練班，以教導人們人際溝通及處理壓力的技巧。

當卡耐基成名以後，仍然沒有忘記小學時，老是喜歡欺負他的同學山姆・懷特。他歸納出了一番人生哲理：「要想別人對你友善，要想與同事和睦地相處，處理好上下級關係，那就絕不能去觸動別人心靈的傷疤。」卡耐基還發現，他具有與生俱來的憂鬱性格。他曾向朋友傾訴：煩惱伴隨著我的一生。我一直想弄明白自己的憂慮來自何處。

有一天，我幫母親摘取櫻花的種子時，突然哭泣起來。母親問：「你為什麼哭？」我邊哭邊答：「我擔心自己會不會像這種子一樣，

被活活埋在泥土裡。」兒時的我，擔驚受怕的事情真的不少：下雷雨時，擔心會不會被雷打死；年景不好時擔心以後有沒有食物充飢；還擔心死後會不會下地獄。稍大以後更加胡思亂想：想自己的衣著、舉止會不會被女孩子取笑，擔心沒有女孩子願意嫁給我。但後來我發現，曾經使我非常擔心的那些事情，99%都沒有發生。」

　　一個如此沒有自信，幾乎被各種各樣莫名其妙的憂慮纏繞的年輕人，最終成為給別人自信、讓人們樂觀的心理導師，這中間需要經歷多少磨礪，就可想而知了。

　　自從卡耐基的著作問世以來，就改變了千千萬萬人的命運。發明大王愛迪生、相對論鼻祖愛因斯坦、印度聖雄甘地、「米老鼠」的父親華特‧迪士尼、建築業奇蹟的創造者里維父子、旅館業鉅子希爾頓、白手起家的台塑集團的大家長王永慶、麥當勞的創始人雷‧克洛克等等，都深受卡耐基思想和觀點的激勵和影響。

　　他的實用性和指導性，以及對社會各類人群和各個時代的適應性，是卡耐基思想的重要特點。當時代的巨輪匆匆駛過二十世紀，進入二十一世紀的時候，卡耐基的思想和見解並沒有被時代所拋棄，相反，在今天這個競爭激烈的社會，他的思想和洞見更加深刻與實用，

對於各階層人士都具有不同的指導意義。

關於《人性的弱點》——

《人性的弱點》出版之後，已經改變了數億人的命運。如果早一點讀到這本書，很多人的人生都會不一樣，失敗和迷茫也會和讀過它的人分道揚鑣了。

《人性的弱點》這部風行將近百年的作品為什麼會歷史不衰，永遠站在暢銷書的行列中！綜觀整部作品並無任何花俏或高潮迭起！它只是用你我平常的語言侃侃而談，指出（一）人不要以自我為中心，要體貼別人（二）不要自卑建立自信走入人群中（三）待人要讓人感受到你尊重他（四）處事要釋出善意就能引起對方的興趣。

另外，你還必須（一）勇敢面對自己的不足（二）換位思考、考慮對方立場（三）尊敬對方贏得尊重（四）建立友誼共創雙贏。股神巴菲特說：「我從 8 歲就開始讀卡耐基先生的著作，現在的年輕人，你越早讀卡耐基的作品，你的人生就越早獲得啟發。」

關於《如何停止自己不開心》——

洛克菲勒的托拉斯企業兵法，在 1911 年被聯邦法院判決違反公平商業原則敗訴之後，當天晚上他的辯護律師打電話安慰他，要他不要擔心先好好休息，但洛克菲勒卻哈哈大笑，反而安慰他：「詹森先生擔心是沒用的，我正想美美地睡他一覺呢！倒是你，才是不要太擔心了，好好去睡一覺吧！」

《如何停止自己不開心》這部神奇的魔法書，自從問世以來，已經解救了數千萬生活在瀕臨崩潰的人們。它是全球第一品牌的「解憂、忘憂」的作品，也是幫助數億人「停止憂鬱、走出憂慮」，重新啟動「生命的引擎」——的第一暢銷書！這本書可以陪您一輩子，只要在您覺得不開心的時候閱讀它幾頁，就可以讓你解除憂慮、恢復平靜，讓您明天的人生重新出發！

目錄 Contents

第五章　贏得友誼的智慧

第一章

批評無法打動人心

惡人也有三分理

　　在一九三一年的 5 月 7 日，紐約市民看到一樁從未見到過，駭人聽聞的圍捕格鬥！凶手是個菸酒不沾，有「雙槍手」之稱，叫克羅雷的罪犯。他被包圍，陷落在西末街——他情人的公寓裡。

　　150 名警方治安人員，把克羅雷包圍在他的公寓頂層的藏身處。他們在屋頂鑿了個洞，試圖用催淚毒氣把凶手克羅雷熏出來。警方人員已把機槍安置在附近四周的建築物上，經過一個多小時的時間，這個紐約市裡原來清靜的住宅區，就一陣陣地響著驚心刺耳的機槍、手槍聲。克羅雷藏在一張堆滿雜物的椅子後面，手上的短槍，接連地向警方人員射擊。上萬的人，懷著激動而興奮的心情，觀看這幕警匪格鬥的場面。久住紐約的人都知道，從來沒有發生過這樣的變故。

　　當克羅雷被捕後，警察總監馬羅南指出：這暴徒是紐約治安史上，最危險的一個罪犯。這位警察總監又說：「克羅雷他殺人，就像切蔥一樣……他會被判處死刑！」

　　可是，「雙槍手」克羅雷認為自己又是什麼樣的一個人呢？當警方人員圍擊他藏身的公寓時，克羅雷寫了一封公開的信，寫的時候因傷口流血，使那張紙上留下了他的血跡！克羅雷的信這樣寫著：

　　「在我衣服裡面，是一顆疲憊的心——那是仁慈的，一顆不願意

傷害任何人的心。」

在這件事不久之前，克羅雷駕著汽車在長島一條公路上，跟一個
女伴調情。那時突然走來一個警察，來到他停著的汽車旁邊，說：
「請拿出你的駕駛執照。」

克羅雷不說一句話，拔出他的手槍，就朝那警察連開數槍，那警
察終於倒地而死。接著克羅雷從汽車裡跳了出來，撿起那警察手槍
時，又朝地上這具屍體放了一槍。這是克羅雷所說：「在我衣服裡
面，是一顆疲憊的心——是仁慈的，一顆不願意傷害任何人的心。」

克羅雷被判死刑坐電椅，當他走進受刑室時，你想他會說：「這
是我殺人作惡的下場？」不，不！他說的是：「我是為了自衛，竟得
到這種下場。」

這段故事所指的含意，是「雙槍手」克羅雷對自己的行為沒有一
點懺悔，也沒有一絲的責備。

那是罪犯中一種常見的態度？

如果你是這樣想，再聽聽下面這些話：

「我將一生中最好的歲月給了人們，使他們獲得幸福愉快，過著

舒服的日子，而我所得到的只是侮辱，一個遭人搜捕的人。」

　　那是艾爾‧卡邦所說的話，他是美國的第一號公敵，橫行在芝加哥一帶，一個最凶惡的匪首。可是，他認為自己是一個有益於群眾的人——一個沒有受到讚許，而且是個被人誤會的人。

　　達基‧休斯在紐約給槍彈擊倒前，也有過這樣的表示。他接受新聞記者採訪時說，他是一位有益於群眾的人。其實，他在紐約是個令人髮指的罪犯。

　　我曾經和星星監獄負責人華賴‧勞斯，有過一次有趣的通信。

　　他說：「在星星監獄中，很少有罪犯承認自己是壞人，他們的人性就跟你、我一樣，他們有這樣的見解、解釋。他們會以同樣的方式告訴你為什麼要撬開保險箱，或是接連地放槍傷害人，甚至為他們自己辯護反社會現實的行為，因此他們堅持自己不應該被囚禁起來。」

　　如果卡邦、「雙槍手」克羅雷、休斯，和在監獄中的暴徒，完全不自責，歸咎在自己身上……那你我所接觸的人又如何呢？

華納梅格的感慨

　　已故的成功企業家華納梅格曾說，當政府官員是我的副業，做兒童主日學校的老師才是我主要的工作。

　　有一次，這樣承認說：「30年前我就明白，責備人是愚蠢的事，我不抱怨上帝沒有將智能均勻的分配，可是我對克制自己的缺陷已感到非常吃力了。」

　　華納梅格很早就學到這一課，可是我自己在這古老的世界上，盲目地行走了三十多年，然後才豁然醒悟……

　　一百次中有九十九次，沒有人會為了任何一樁事情來批評他自己，無論錯誤到何種程度。

　　批評是沒有用的，因為它使人增加一層防御，而且竭力地替自己辯護。批評也是危險的，它會傷害了一個人的自尊和自重的感覺，並激起他的反抗。

　　德國軍隊裡的士兵們，在發生某一件事後，不准許立即申訴、批評。他需要懷著滿肚的怨氣睡去，直到他這股怨氣消失。如果他立即申訴，會受到處罪。在我們日常生活中，似乎也有制定這樣一個規則

的必要——就像嘀咕埋怨的父母，喋喋不休的妻子，斥責怒罵的老
闆……和那些吹毛求疵，令人討厭的人。

　　從上千頁的歷史中，你可以找出很多很多，對「批評」毫無效果
的例子。羅斯福和塔夫特總統那著名的爭論：……這爭論分裂了共和
黨，而使威爾遜進了白宮，使他在世界大戰中，留下了勇敢、光榮的
史跡，而且還改變了歷史的趨勢。

批評像飼養的鴿子，它會飛來的

一九〇八年，羅斯福離開白宮的時候，他使塔夫特做了總統，然後自己去非洲狩獵獅子。當他回來的時候，情形就改變了，他指塔夫特守舊，想要自己連任第三任總統，並且組織了「勃爾摩斯黨」。這幾乎毀滅了共和黨。就在那次選舉的時候，塔夫特和共和黨，只獲得兩州的讚助——這是共和黨一次最大的失敗。

羅斯福責備了塔夫特，可是塔夫特有沒有責備他自己？當然沒有。塔夫特兩眼含著淚水，說：「我不知道怎麼樣做，才能和我所已做的不同。」

究竟是誰做錯了？這情形我不知道，也不需要去關心。不過我所要指出的一點，就是羅斯福所有的批評，並沒有使塔夫特自己覺得不對。那只使塔夫特盡力替自己辯護，眼中含著淚水，反覆地說：「我不知道怎麼樣做，才能和我所已做的不同。」

還記得曾經赫赫有名的煤油舞弊案嗎？它使輿論憤怒了好幾年，震動了整個國家！在任何人的記憶裡，美國公務生活中，從沒有發生過這類的情形。

這裡是這件舞弊案的事實經過：

　　哈爾信脫‧福爾，是哈丁總統任上的內政部長，當時委派他主事政府在「愛爾克」山和鐵泡脫油田保留地出租的事。那塊油田，是政府預備未來海軍用油的保留地。

　　福爾是不是公開投標？不，不是那回事，福爾把這份豐厚的合約，乾脆給了他的朋友圖海尼。圖海尼又如何呢？他把自己願意稱為「債款」的十萬美元，給了這位福爾部長。

　　福爾接著用他高壓的手段，命令美國海軍進駐那一地區，把其他競爭者趕走，因為他們的鄰近油井，吮吸愛爾克山的財富。保留地上那些競爭者，在槍桿、刀光下給趕走了，可是他們不甘心，跑進法庭，揭發了鐵泡脫一億美元的舞弊案。這件事發生後，影響之惡劣，幾乎毀滅了哈丁總統的整個行政組織，全國群起嘩然，一致痛恨；共和黨也幾乎垮台，而福爾也被判下獄。

　　福爾被斥責得體無完膚——在公務生活中，很少有人被這樣的譴責過！他後悔了？不，根本沒有！

　　那是幾年後，胡佛在一次公共演講中暗示，哈丁總統的死，是由於神經的刺激和心裡的憂慮，因為有一個朋友曾經出賣了他。當時福爾的妻子也在座，聽到這話後立刻從坐椅上跳了起來。她失聲大哭，

緊緊握著拳頭，大聲說：「什麼……哈丁是給福爾所出賣的？不，我丈夫從未辜負過任何人。即使這間屋子已經堆滿了黃金，也不會誘惑我丈夫做壞事。他是被別人所負，才走向刑場，被釘十字架的。」

這情形你可以明白，人類自然的天性，是做錯事只會責備別人，而絕不會責備自己，我們每個人都是如此的。所以你我當明天要批評別人的時候，就想想卡邦、克羅雷，和福爾這些人。

批評就像飼養的鴿子，它們永遠會飛回家的。我們需要了解，我們要矯正或譴責的人，他也會為自己辯護，而反過來譴責我們的。就像羅斯福如此溫和地對待塔夫特，他也要這樣說：「我不知怎麼樣做，才能和我已做的不同。」

林肯的批評與寬容

一八六五年 4 月 15 日，星期六的早晨，林肯躺在一個簡陋的公寓的臥室中。這個公寓就在他遭到狙擊的福特戲院對面。林肯瘦長的身體，躺在一張短短而往下沉的床上，靠床的沿壁，掛著一幅朋漢・馬群展覽會的複製畫，一盞煤氣燈散發出幽暗、淡淡的光亮。

林肯躺著就將去世的時候，陸軍部長斯坦頓說：「躺在那裡的，是世界上最完美的完人了。」

林肯待人成功的秘訣是什麼？我曾費了十年左右的時間，研究林肯的一生，同時我整整費了三年的時間，撰著了一部有關他的書，我替這部書取名叫「人們對林肯尚未清楚的一面」。

我相信我詳盡的研究有關於林肯的人格，和他的家庭生活，已到任何人所能做到的極限。我又找出有關於林肯待人的方法，作特殊的研究。林肯是否有放任批評過人？是的，當他年輕的時候，在印第安納州的鴿溪谷，他不但批評，且還寫信作詩去譏笑人，他把寫好的東西，扔到一定會給人撿到的街路上，其中有一封信，引起人們對他終身的厭惡感。

林肯在伊利諾伊州的春田鎮，掛牌做了律師後，他還在報紙上發表他的文稿，公開攻擊敵對他的人，但是像這樣的事他只做了一次。

一八四二年秋季，林肯譏笑一個自大好鬥的愛爾蘭政客，這人叫「西爾斯」。林肯在春田的報上，刊登出一封匿名的信諷刺他，使全鎮的人轟然大笑。西爾斯平時敏感而自豪，這件事激起他心頭盛怒。當他查出是誰寫這封信時，跳上馬，立即去找林肯，要和他決鬥。

　　林肯平時不願意打架，反對決鬥，可是為了自己的面子又不能避免。他的對手西爾斯讓他自己選用武器。林肯兩條手臂特別長，就選用了馬隊用的大刀，他同一位西點軍校畢業生學習刀戰。到了指定的日期，他和西爾斯在密西西比河的河灘上，準備一戰生死，就在最後一分鐘，他們兩方的朋友出面，才阻止了這場決鬥。

　　那次對林肯來講，是件最驚人、可怖的事。可是這件事在林肯待人的藝術上，卻給了他一個極寶貴的教訓。從那以後他永遠不再寫凌辱人的信，永遠不再譏笑人家。從那時候開始，他幾乎從不為任何事而批評任何人。

　　美國內戰的時候，林肯屢次委派新將領，統率「波托麥克」軍隊，可是一個一個都遭到沉痛的慘敗……使林肯懷著失望而沉重的心情，單獨一個人在屋子裡踱步。全國幾乎有半數的人，嘩然指責這些不能勝任的將領，可是林肯保持著他平和的態度。他最喜歡的一句格

言，那是──「不要評議人，免得為人所評議」。

當林肯的妻子和有些人，刻薄地談論南方人時，林肯總是這樣回答：「不要批評他們，我們在相同的情形下，也會像他們一樣。」

可是，如果有人有機會批評的話，那就是林肯了，我們看下面這個例證：

7月4日的晚上，南方李將軍開始向南邊撤退。當時全國雨水泛濫成災，那時李帶領敗軍到達波托麥克時，看到前面河水暴漲使他們無法過去，而勝利的聯軍就在後面。李和他的軍隊，進退維谷，處於圍困中。林肯知道這正是個極好的機會，把李的軍隊俘虜，立即可以結束這場戰爭。林肯滿懷著希望，他命令密特，不必召開軍事會議，而立即進襲李的軍隊。林肯先用電報發出命令，然後派出特使要密特立即採取行動。

可是這位密特將軍，又如何處理呢？密特所採取的行動，卻跟林肯的命令相反。他召開了一個軍事會議，違反了林肯的命令，還遲疑不決地延宕下去。密特用了各種藉口覆電，實際上是拒絕進襲李將軍。最後河水降退，李和他的軍隊就這樣逃過了波托麥克。

「密特這樣做是什麼用意？」林肯知道這件事後，震怒至極。林

肯向他兒子大聲說：「老天爺，這是什麼意思……李將軍已在我們掌握中了，只要一伸手，他們就是我們的了……在那種情形下，任何將領都能帶兵把李打敗，如果我自己去也已經把他捉住了。」在沉痛失望之下，林肯寫了封信給密特。林肯在他一生的這段時間中，是極端的保守，用字非常拘謹的，所以在一八六三年裡頭，這封信出自林肯手筆，該是最嚴厲的斥責了。林肯這封信的內容，是這樣的——

親愛的將軍：

我不相信你能領會出，由於李的脫走，所引起的不幸事件和重大的關係。他已是在我們的掌握中，如果將他捕獲，再加上最近我們其他地方的勝利，立即可以結束這場戰爭。

可是照現在的情形來推斷，戰事將會無限期地延長下去。上星期一你不能順利地襲擊李軍，你又如何再向他襲擊……我不期望你現在會有多大的成功，因為你已讓黃金般珍貴的機會消失掉了，這使我感到無限沉痛。

據你的猜想，當密特看到這封信後，他將會如何呢？

　　可是密特從沒有看到那封信，原因是林肯並沒有把這封信寄出去。這封信是在林肯去世後，從他的文件中發現的。

　　我有這樣的想法——這只是我的猜想。林肯寫了這封信後，望著窗外喃喃自語：

　　「慢著，或許我不能這樣匆忙，我坐在這寧靜的白宮裡，命令密特進攻，那是一樁很輕而易舉的事，可是如果我到了吉地司伯，我也看到密特上星期所看到的那麼多血，我的耳朵也聽到死傷者的呼叫、呻吟，也許我也不會急於要向李軍進攻……如果我也有跟密特一樣懦弱的個性，或許我所做的，會跟他做的完全一樣。

　　「現在木已成舟，無法挽回了，如果我發出這封信，固然解除了我心裡的不愉快，可是密特也會替他自己辯護。在那種情形下，他會譴責我，引起他對我的惡感，而且會損傷他以後做司令官的威信，甚至還會逼他辭去軍隊的職務。」

　　最終，林肯沒有把信發出，就放在一邊了。因為林肯從苦痛的經驗中知道，尖銳的批評、斥責、永遠不會有效果的。

不要點燃讓人自尊受傷的導火線

羅斯福總統曾經這樣說過，當他任職總統，遇到難以解決的問題時，他會把坐椅往後面一靠，仰起頭，朝著寫字台壁上，那幅很大的林肯畫像看去。他這樣問自己：「如果林肯處在我眼前這種困難下，他將會如何？他將如何去解決這個問題？」

以後我們如果想要批評人家時，讓我們從口袋拿出一張五元的鈔票來，看看鈔票上林肯的像，這樣問自己：「如果林肯遭遇到這類的事，他將如何去處理呢？」

你所認識的人，你願意他改變、調整，或是進步嗎？是的，那是最好不過的。可是為什麼不從你自己先開始呢？從自私的立場來說，從自己開始要比改進別人，獲益得多。

「當一個人爭論、激辯時，」鮑寧這樣說：「他在若干方面已是不尋常的了。」

在我年輕的時候，就很想讓人家知道我，我曾寫過一封信，給美國文壇上一位極富聲譽的作家，他叫台維斯，那時我準備給一家雜誌社寫些有關文壇作家的文章，所以我請台維斯告訴我，有關他寫作的方法。

數星期後，我接到一封信，信上附注著這一句：「信係口述，未

經重讀。」這兩句話，很引起我的注意，相信寫這信的人，是一位事務繁忙的大人物，而我卻一點也不忙。可是我急於引起這位大作家台維斯的注意，我在寫了一封簡短的回信後，後面也加上這樣幾句：「信系口述，未經重讀。」

台維斯不屑再給我回信，只是把我那封信退了回來，可是下面潦草地寫著幾個字：「你態度之不恭，無以復加。」

是的，我做錯了，或許我應該得到這樣的斥責。可是，人性使然，這使我深深的痛恨，對他懷著極度的憤恨。甚至十年後，我知道台維斯去世的消息時，我心裡還深深恨他。而我卻羞於承認，就是由於他造成了我自己愚昧地在心中刻下了傷痕。

如果你明天要激起一股憤恨，使人痛恨你十年，一直到死，我們就應該放下一些對人具有刺激性的批評。

當我們要應付一個人的時候，應該記住，我們不是應付理論的動物，而是在應付感情的動物。

而批評是一種危險的導火線——一種能使自尊的火藥庫爆炸的導火線，這種爆炸，有時會置人於死地。

就有這樣的例子：胡特將軍受到人們的批評，又不被允許帶兵去法國，對他自尊的打擊，幾乎縮短了他的壽命。

　　苛刻的批評，曾使敏銳的哈代……他是一位英國文壇上非常出色的小說家……永遠放棄執筆寫小說的勇氣。

　　富蘭克林在年輕的時候，並不伶俐，可是後來成為極有手腕，處世待人極有技巧的人，甚至擔任過美國駐法的大使。他成功的秘訣是：「我不說任何人的不好！」他又這樣說：「而只說他們每一個人的好處！」

　　任何一個愚蠢的人，都會批評人、斥責人和抱怨人，同時，也是絕大部分愚蠢的人才這樣做的。

　　但若要寬恕和了解，那就需在人格、克己上下工夫了。

　　卡萊爾曾經這樣說過：「要顯示一個偉大人物的偉大之處，那就要看他如何對待一個卑微的人。」

　　正如強森博士所說的：「上帝在末日之前，還不打算審判人！」

　　你我又為什麼要批評人呢？

　　因此，不要批評、責怪或抱怨。

第二章

待人的技巧

人的需求到底是什麼？

　　世界上只有一個方法，可使任何一個人去做任何一件事，你有沒有靜心下來，想過這件事呢？是的，只有這樣一個方法，那是使人自願去做那一件事。

　　記住，再也沒有其他方法。

　　當然，你可以用一把左輪手槍，對著一個人的胸膛，那人會乖乖地把手錶給你。你可以用恫嚇解雇的方法在你尚未轉身過來前，叫一個雇用的人跟你合作。你也可以用鞭笞或是恫嚇，讓一個孩子做你所需要他做的事。可是這些粗笨的方法，都有極端不利的反應。

　　我能叫你去做任何事情的唯一方法，那就是把你所需要的給你。

　　你要些什麼？

　　維也納一位 20 世紀最享盛譽的心理學家——弗洛伊德博士，他曾這樣說：凡你我所做的事，都起源於兩種動機，那是性的衝動和能成為偉人的欲望。

　　美國一位著名的哲學家——杜威教授，對這上面所用的字句，稍有不同的見解。杜威博士說：人類天性中最深切的衝動，那是「成為重要人物的欲望」。

記著「成為重要人物的欲望」這句話，是很重要的，你從這本書中將看到很多關於這句話的話。

你要些什麼？並不是很多的東西，可是真正所需要的幾種東西，你不容拒絕的堅持著要追求。差不多每個正常的成人都想要。

健康，和生命的保護；

食物；

睡眠；

金錢，和金錢所能買到的；

性生活的滿足；

子女們的健康；

自重感；

差不多所有這些欲望都能滿足，可是其中有一種欲望，同食物、睡眠一樣，既深切，又難得滿足，那就是弗洛伊德所說的「成為偉人的欲望」。也就是杜威所說「成為重要人物的欲望」。

林肯有次寫信開頭就說：「每個人都喜歡受人恭維。」威利・賈姆士也這樣說過：「人類天性至深的本質，就是渴求為人所重視。」

他並不是說「希望」，或「欲望」，或是「渴望」，而是說了「渴求」為人所重視。

這是一種痛苦的，而且亟待解決的人類「飢餓」，如果能誠摯地滿足這種內心飢餓的人，就可以將人們掌握在手掌之中。

尋求自重感的欲望是人類與動物之間，一種很重要的差別。

假如我們的祖先，沒有這種「自重感」熾烈的衝動，我們不會有文化，就跟其他動物差不多了。

就是這種自重感的欲望，激起一個沒有受過良好教育，在一家雜貨店工作的貧困店員，翻遍了整個堆滿雜貨的大木桶，找出他用五分錢所買的幾本法律書籍，痛下決心去研究。你或許聽說過這雜貨店的店員，他的名字叫「林肯」。

這自重感的欲望，激發了狄更斯寫出不朽的名著。這自重感的欲望，使華倫完成了他的設計。同時由於這自重感的欲望，使洛克菲勒積存了他一輩子花不完的錢。也就是這種欲望，使城裡的巨富，建造一座他所需要的大房子。

這個欲望，能使你穿上最新穎的服飾，駕駛最漂亮的轎車，暢談你自己聰明伶俐的孩子。

也就是這種欲望，使許多青少年成為盜匪。前任警察總監瑪羅尼，他曾這樣說過：「如今一般年輕罪犯，充滿著對虛名的盲目追求，在被捕後他們的第一個要求，就是要閱讀把他們寫為英雄的那種不上流的報紙。他只要能看到自己的相信，就像跟愛因斯坦、林白、托斯加尼，或羅斯福等名人一樣在報上占到篇幅時，就根本沒有想過，進受刑室坐電椅是怎麼回事了。」

　　如果你告訴我，你是如何得到你的自重感，我就可以告訴你，你是怎樣的人。確定你的性格，對你來講，是件最重要的事。

　　例如，洛克菲勒捐錢在北平建造最新式的現代醫療機構協和醫院，照顧了許多他沒有見過面，同時也永遠不會見面的貧民，借此得到了他的自重感。

缺乏自重感的後遺症

歷史上有很多名人為了自重感掙扎的有趣事例。甚至於華盛頓，都願意有人稱他是至高無上的美國總統；哥倫布向皇家請求獲得「海洋大將」和「印度總督」的名銜；女皇凱瑟琳，拒絕拆閱沒有稱她「女皇陛下」的信件；林肯夫人在白宮對格蘭特夫人像頭母老虎似的吼叫：「我沒有請你之前，你怎敢坐在我面前！」

有一些百萬富翁，資助「白德將軍」去南極探險，附帶一個條件，就是用他們的名字為一些冰山命名。而那個「大作家雨果」，甚至希望把巴黎改稱成他的名字。

人們會為了取得同情、注意和一種「自重感」而故意裝病。

馬京利夫人，強迫她任職美國總統的丈夫放下國家的重要事務，要他依偎在她床邊，摟抱著她，撫慰她睡去，這樣每次需要數小時的時間，馬京利夫人藉此得到她的自重感。

馬京利夫人堅持馬京利在她醫牙的時候，陪同她在一起，藉此滿足她的牙痛楚時被注意的欲望。有一次馬京利和一位重要人士有約，不得不讓她一個人留在牙醫處，這樣便使她大發脾氣。

琳哈特夫人有一次告訴我，有個年輕能幹的少婦，為了要得到自重感，而裝成一個病人。琳哈特夫人說：「有一天，這婦人不得不面對一種事實……或許是年齡的關係，使她永遠不能結婚的事實，想到孤獨的晚年就將在她面前展開，可期望的事，實在太少了。」

琳哈特夫人又說：「她躺在床上有十年的時間。她年老的母親，每天上下三樓，捧著盤子去侍候她。有一天，這位年老的母親由於過度的疲憊，終於倒地去世，床上的這個病人，沮喪了數星期後，穿衣起床，身上的病也消失了。」

有些專家宣稱……人可能真的會發瘋，為的是要在瘋狂的幻境中，尋找冷酷的現實世界上所得不到的自重感。在美國醫院中，患精神病的數目，要比患其他病的總和還多。如果你年紀在 15 歲以上，又住在紐約州這地方，你可能有 1/20 的機會，在你的一生中要住七年以上的瘋人病院。

沒有人能回答出那樣籠統的問題，不過我可以知道有若干的疾病……像性病，會摧殘傷害腦細胞，結果導致癲狂。實際上，約有半

數以上的精神病，可以歸源於這類的生理原因，像腦部受到損傷，酒醉，中毒和由於其他原因所造成的傷害。

可是另外那半數……這是令人惶恐的部分……那其他半數瘋狂的人，明顯的，他們腦細胞機構中並沒有任何病態。在他們去世後解剖檢驗，用最高性能的顯微鏡研究他們的腦細胞組織，發現他們的腦細胞，完全跟我們一樣健全。

人為什麼會精神失常

　　我曾向一位瘋人醫院的主治醫師，提出那樣的問題。這位醫師擁有淵博的精神病理方面的學識，使他獲得最高的榮譽。他誠懇地對我說，他也不知道人們如何會精神錯亂。可是他卻作這樣的解釋，許多精神錯亂的人，在他瘋癲中找到了真實世界中所無法獲得的自重感。這位醫師，他告訴了我一個真實的故事。

　　「我現在有個病人，她的婚姻是一齣悲劇，她需要愛情、孩子和社會上的聲望。可是現實的生活，卻沒有賦予她夢幻中的希望。她丈夫不愛她，甚至於拒絕跟她一起用餐並強迫她服侍他在樓上房間吃飯。她沒有孩子，沒有社會地位。終於造成了她精神錯亂，而現在在她瘋癲夢幻中，已跟她丈夫離了婚，恢復了她少女時的姓名。她現在相信自己，已嫁給英國貴族，並且堅持要人家稱她是史密斯夫人。

　　「至於她所希望的孩子，現在她幻想中也已經有了。每次我去看她時，她說：『醫生，我昨夜懷上了一個孩子。』」

　　這故事悲慘嗎？我不知道。那位醫師對我說：「如果我能伸出我的手，去治癒恢復她的清醒，我也不願意那樣做，她現在似乎獲得了她真正所期盼的快樂。」

以整體來說，精神失常的人，似乎要比你我快樂。既然許多人以瘋癲為快樂，他們為什麼不這樣呢？他們已經解決了他們的問題……他們可以輕而易舉地簽出一張百萬元的支票給你。或者給你一封介紹信，去見一位有名的人物。在他們所創造的夢境中，他們能找到他們所期望的自重感。

　　如果有人對自重感這樣的迫切飢渴，甚至於為獲得它精神失常，試想若是在人們尚未瘋癲前，就給他真誠的讚揚，那時你我的成就，又會產生什麼樣的奇蹟？

聰明的人躺在墳墓也會稱贊人

　　安德魯‧卡內基甚至於在他的墓碑上，還稱贊他的助手。這是他為自己所寫的碑文：「埋葬在這裡的，是個知道如何跟比他自己聰明的人相處的一個人。」

　　誠懇地讚賞，是洛克菲勒對待人的一個成功的秘訣。例如有這樣一件事……當他的一個伙伴——貝德福，措施失當，在南美做錯了一宗買賣，而使公司虧損了一百萬元時，洛克菲勒對他並沒有任何批評或指責。

　　他知道貝德福已盡了最大的努力，同時這件事已宣告結束。所以洛克菲勒找些可稱贊的事來，他恭賀貝德福，幸而保全了他投資金額的 60%。洛克菲勒這樣說：「那已經不錯了，我們做事不會每一件都是稱心如意的。」

　　齊格飛，這位閃耀於百老匯，最具驚人成就的歌舞劇家。他屢次把人們不願意多看一眼，很不出色的女子，改變成在舞台上一神秘誘人的尤物。

　　齊格飛很實際，他增加歌女們的薪金，從每星期 30 元，到 175元。他也重義氣，在福利斯歌舞劇開幕之夜，他發出賀電給劇中明星，並且贈予每一個表演的歌女一朵美麗的玫瑰花。

我曾經有一次為「流行」的絕食所迷，有六個晝夜沒有吃東西。那種情形並不困難，到第六天時，似乎比第二天還不感到飢餓。可是你我都知道，如果有人使他的家人或是雇員，六天內沒有東西吃，那就犯了罪。可是他們卻會六天、六星期或是六十年不給家裡的人或是雇員所期盼中得到像食物一樣的讚美。

當年，「愛爾法利特‧侖特」在「維也納的重合」劇中擔任主角的時候，曾經這樣說過：「我最需要的東西，是我自尊的滋養。」

我們照顧了孩子、朋友和員工們體內所需要的營養，可是我們給他們自尊上所需要的營養，卻又何等稀少。我們給了他們牛排、馬鈴薯等，培植他們的體力，可是忽略了給他們讚賞和那些溫和的言語。

有些讀者看到這幾句話時，可能會這樣說：「這是老套、恭維、阿諛、拍馬屁，我都已嘗試過那些了，一點也沒用……這些對受過教育的知識分子是沒有用的。」

當然拍馬那一套，是騙不了明白人的，那是膚淺、自私、虛偽的，那應該失敗，而且常常失敗。可是，有些人對讚賞，出於內心的讚賞，簡直太需要了。

花花公子為何會得美人心

屢次結婚的狄文尼兄弟倆，為什麼在婚姻方面會有這樣炫耀的成功？為什麼這兩位所謂「公子哥兒」的狄文尼兄弟，能與兩位美麗的電影明星、一位著名的歌劇主角和另外一位擁有數百萬家產的哈頓結婚？那是什麼原因？他們是怎麼做的？

聖約翰在自由雜誌中，曾這樣說：「狄文尼對女人的魅力，這許多年來，是人們心裡的一個謎……」

他又說：「妮格雷這女人能識別男人，也是一位藝術家，有一次她向我解釋說：「他們了解恭維、諂媚的藝術，比我所看到其他所有人的都成功。這恭維的藝術，在這真實幽默的時代中，幾乎是一件被人忘了的東西，狄文尼對女人的魅力，或許就在這上面了。」

讚賞和諂媚的區別──那很容易識別出來，讚賞是出於真誠，而諂媚是虛偽的。一個出於由衷，一個出於嘴裡。一個是不自私的，一個是自私的。一個是為人們所欽佩的，一個是令人不恥而摒棄的。

最近我去墨西哥城的吉伯爾鐵匹克館，看到奧伯利根將軍的半身人像。半身像的下面，刻著奧伯利根將軍的名言：「別怕攻擊你的敵人，提防諂媚你的朋友。」

英皇喬治五世有一套格言，共有六條，懸在白金漢宮書房的牆

上，其中有一條是說，「教我不要奉承或接受卑賤的讚美。」「卑賤的讚美」就是「諂媚」的解釋了。我曾經看到一句關於諂媚的話，那就是「諂媚是明白地告訴別人，他想到他自己的種種。」

愛默生說：「你用任何的言語所要說的，總離不開自己的種種。」如果我們所要做的，就是用恭維、諂媚，那麼任何人都可以學會，都可以成為「人類關係學」的專家了。

當我們不在思考某種確定的問題時，常用我們 95% 的時間去思考自己。而現在如果停止一刻不去想我們自己，開始想想別人的優點，我們就不必措辭卑賤、虛偽，在話未說出口時，已可以發覺是錯誤的諂媚了。

愛默生又說：「凡我所遇到的人，都有勝過我的地方，我就學他那些好地方。」愛默生這樣的見解，是非常正確的，是值得我們所重視的。**停止思考我們自己的成就和需要，讓我們去研究別人的優點，把對人的恭維、諂媚忘掉，給予人由衷、誠懇的讚賞。**人們對你所講的，將會重視和珍惜，終生藏之背誦……即使你已把這件事忘了很久，可是他還牢牢記著你所說的話。

要怎樣獲得別人的支持

一年夏天，我去梅恩釣魚。就我自己來說，我喜歡吃楊梅和奶油，可是我看出由於若干特殊的理由，水裡的魚愛吃小蟲。所以當我去釣魚的時候，我不想我所要的，而想它們所需要的。我不以楊梅或奶油作引子，釣魚鉤扣上一條小蟲或是一隻蚱蜢，放下水裡，向魚兒說：「你要吃那個嗎？」

你為什麼不用同樣的常識，去「釣」兩個人呢？

有人問路依特・喬，如何能在別的戰時領袖們都退休不聞事後，還身居權位？他作這樣的回答：如果他官居高位，可以歸功於一件事的話，那就是由於他已知道釣魚時，必須放對了魚餌的那件事。

為什麼我們只談自己所要的呢？那是孩子氣的，不近情理的。當然，你注意你的需要，你永遠在注意，但別人對你卻漠不關心。要知道，其他的人都像你一樣，他們關心的只是他們自己。

世界上唯一能影響對方的方法，就是談論他所要的，而且還告訴他，如何才能得到它。

明天你要別人替你做些什麼時，就是談論他所要的，而且還告訴他，如何才能得到它。

明天你要別人替你做些什麼時，你要把那句話記住！就作這樣一

個比喻：如果你不願意你的孩子吸煙，你不需要教訓他，只需告訴他，吸煙可能使他不能參加棒球隊，或提不能在百碼競賽中獲得勝利。

不論你是應付孩子或是一頭小牛犢、一隻小猿猴，這都是值得你所注意的一件事。

有一次，愛默生和他的兒子，要使一頭小牛進入牛棚，他們犯了一般人常犯的錯誤，只想到自己所需要的，沒有想到那頭小牛身上……愛默生只會推，他兒子只會拉。而那頭小牛正跟他們一樣，也只想它自己所想要的，所以挺起它的腿，堅持拒絕離開那塊草地。

旁邊那個愛爾蘭女佣人，看到他們這情形，她雖然不會寫書做文章，可是至少在這次，她懂得牛馬牲口的感受和習性，她想到這頭小牛所需要的是什麼。這個女佣人一面把她的姆指放進小牛的嘴裡，讓小牛吮吸她的拇指，一面溫和地引它進入牛棚。

從你來到世界上這一天開始，你所有的舉動，出發點都是為了你自己，都是因為你需要些什麼。

假如你捐助紅十字會 100 元的時候，又怎麼樣呢？是的，那也不會是例外，你捐給紅十字會 100 元，是因為你要行一樁善舉，因為你要做一件神聖的事……可是，或許是你不好意思拒絕，所以才捐助的。或許因為一位主顧，請你捐款之故。但有一件事是確定的，你捐款，是因為你需要些什麼的緣故。

　　哈雷・歐弗斯・屈特教授，在他一部「影響人類行為」的書中說：「行動是由我們的基本欲望所產生的……對於未來想要說服人家的人，最好的建議，是無論在商業中、家庭中、學校中、政治中，都要先激起對方某種迫切的需要，若能做到這點就可左右逢源，否則只會到處碰壁！」

先「同意對方」，做為談判籌碼

　　我租用紐約一家飯店裡的大舞廳，每一季需要 20 個晚上，是為舉行一項演講研究會。

　　在有一季開始的時候，我突然接到那家飯店的漲價通知，要我付三倍於過去的租金。可是我接到這項消息時，通告已經公布，入場券已經印發出去了。

　　我自然不願意付出增加的租金，可是，和飯店談到我所要的有什麼用呢？他們所注意的只是他們所需要的，所以過了兩天，我去見那家大飯店的經理。

　　我向那位經理說：「我接到你的信時，感到有點惶恐……當然我不會怪你，如果我們易地而處，我也會寫出這樣類似的信。你做經理的職責，是如何使這家飯店盈利。若是你不這樣做，你就會被撤去這個職務，而且也應該會被革職。現在我們拿出一張紙來，寫上有關你的利和害……如果你是堅持要加租的話。」

　　我拿了一張紙，經過紙上的中心點，劃出一條線，上端寫上「利」，另一端是「害」。

　　我在「利」的那一行寫著：「舞廳空著」幾個字，然後接著說：「你可以自由的出租舞廳，作跳舞諸類聚會之用，那是一項很大的收

入。像那種情形，顯然你的收入，要比租給一個以演講集會為用的收入更多。如果我在這一季中，占用了你舞廳 20 個晚上，你一定會失去了那些有更多盈利的收入。」

我又說：「現在我們來談談另一方面……由於我無法接受你的要求，減少了你的收入。在我來講，因為我不能付出你所需要的租金，不得已只有在別處舉行演講。可是，另外有一項事實，我相信你該想到的。我這個演講研究會，使上層社會知識分子們，到你這家飯店來，對你來講，是不是做了一次極成功的廣告？事實上，如果你付出 5000 元的廣告費，不會有我研究會演講班裡的那麼多人來你這家飯店，對你來說更有價值，是不是？」

我說這話時，把這兩種情形寫在紙上，然後把那張紙交給了經理，又說：「這兩種情形，希望你仔細考慮一下，當你作最後決定時，給我一個通知。」

第二天，我接到那家飯店一封信，告訴我租金加 50%，而不是 300%。請注意，我沒有說出，有關我要減少租金的隻言片語……我所說的，都是對方所要的和他該如何得到它。

如果我按照一般人的做法，闖進這位飯店經理的辦公室，跟他理

論。我可以這樣說：「我入場券已經印好，通知已經公布，你突然增加我三倍的租金，那是什麼意思？300%啊，太可笑了……這種作法簡直不近情理，我無法接受！」

　　在這種情形下，又會如何呢？爭論、辯論就要開始蒸發、沸騰了！結果又如何呢？即使我所指的情形，這位飯店經理相信自己是錯誤的，可是由於他的自尊，會使他感到承認他自己的錯誤很困難。

　　關於人與人之間，建立關係的藝術，這裡有一個很好的建議。

　　亨利·福特曾這樣說過：「如果有一個成功秘訣的話，那就是如何學習得到瞭解對方立場的能力。由他的觀點設想，正同由你的觀點一樣。」

以對方的立場來做開場白

是的，我把福特的話，再重說一遍：「如果有一個成功秘訣的話，那就是學習如何得到瞭解對方『立場』的能力。由他的觀點設想，正同由你自己的觀點一樣。」那是這樣的簡單，這樣的明顯，任何人都容易找出其中的原理來。可是，世界上 90%的人，在 90%的時候，都把這件事疏忽了。

可以舉出一些例子來說明嗎？看看明天早上你桌上的來信吧！你可以看出有很多的人，違反了這種常識的規則。就拿下面這封信來說，那是一家全國各地都有分公司，極具規模的廣告公司裡的一位無線電部主任，寫給全國各無線電台負責人的信。（我在這括號中的注明，是對每一節文句中的見解、反應。）

「強・白來克先生，

白來克維爾，印地安納

親愛的白來克先生：

本公司希望在無線電界，能保持廣告業務的領袖地位。

（誰關心你公司的希望？我正為著自己的多種問題在煩惱呢！銀行要取消我房產抵押的取贖權……害蟲正在損害我的花

草……昨天交易市場混亂……早晨我誤了 8：15 的火車……昨晚強生家裡舞會沒有請我……醫生說我有高血壓、神經炎的毛病……）

　　本公司全國廣告的客戶，是初步營業網的保障，我們以後所需要的電台時間，已保持我們每年在各家公司之上。

　　（你自大，炫耀有錢，一切都遙遙領先，對不對？那又怎麼樣？如果你像全國汽車公司、全國電氣公司、美國陸軍總部合起來那麼大，我也不去理會的。如果你自己也只是一知半解，那你就該知道，我只關心我是如何「大」，而不是你如何「大」。）

　　我們希望以無線電台最近的消息，服務我們的客戶。

　　（「你」希望！「你」希望！你、你這頭蠢驢。我不是注意「你」所希望的，或是墨索里尼所希望的，或是平克勞斯貝所希望的，我乾脆告訴你，我只注意「我」所希望的……在你這封不近情理的信中，就沒有提到這樣的字。）

　　所以，你且將本公司，列入優先名單。

　　（「優先名單」，你替你公司自吹自擂，使我感到自己那麼渺小……你要我將你列入優先名單，你需要的時候，連「請」字

也不說。）

　　「即予覆函，供給我們你們最近的活動，以彼此有益。」

　　（你這個笨蛋，你寄了一封普通的油印信給我，是一封分發各地的通知信——那就像秋天的落葉那麼多。你要我正在我房產抵押、血壓太高的時候，坐下來單獨寫封信，回答你那封油印格式的信，而且還要我給你「即予覆函」。「即予」是什麼意思？難道你不知道，我也跟你一樣忙。我問你，誰交給你這樣一個「權力」來吩咐我的？你說「彼此有益」，最後你才開始提到我的立場，可是又如何對我有益，益在何處？你卻模糊不清，沒有詳細說明。）

　　再啟者，隨信附上白來克維爾報複印本，如果你願意在電台廣播的話，可供參考。

　　（在你這一則附文中，提到了可以幫助我解決一項問題的事，為什麼不用這些，作為你這封信的開端？可是，那又有什麼用？任何廣告公司的人，犯了像你寄來這封信中那種愚蠢的毛病，腦神經一定不正常。）

　　如果有個一生致力於廣告事業的人，他自以為有影響他人的力量，可是寫出那樣的一封信來，我們如何能給他更高的評價呢？

　　這裡有另外一封信，那是一位極有規模的貨運站總監，寫給我研究會講習班裡一個學員「夫姆雷」先生的。這封信對一個收到信的人來講，會有什麼影響呢？先看過這封信後，我再告訴你。

　　　首雷格公司，

　　　前街 28 號，白洛克林，紐約

　　　致，愛德華‧夫姆雷先生執事：

　　　敝處外運收貨工作，由於大部分交運貨物的客戶，都在傍晚時分把貨送到，使敝處感到極大困擾。因為這樣，會引起貨運停滯，使我們員工延遲工作時間，影響卡車運送效率，而形成了交貨緩慢的結果。

　　　11 月 10 日，我們收到貴公司交運的貨物 510 件，送達時間是在下午 4：20。

　　　為了減少貨物遲交所發生的不良影響，我們希望獲得貴公司充分的合作。以後如交運大批貨物時，是否可以盡量提早時間送

來，或於上午送來一部分？

　　該項措施有益於貴公司業務，使你們載貨卡車可以迅速駛回，同時敝處保證，收到你們貨物後立即發出。

總監某某敬啟

首雷格公司推銷主任夫姆雷先生，看過這封信後，寫上下面的見解，交來給我。

這封信所產生的效果，正與對方的原意相反。信的開端，說出對方貨運站的困難，一般來講這不是我們所注意的。接著對方要求我們合作，可是他們絲毫沒有想到，是否對我們有所不便？信上結尾一段，提到如果我們合作，可以使卡車迅速駛回，且保證我們的貨物可以在收到之日立即發出。

「換句話說，我們所最注意的事，在最後才提到，使整個效果起了相反的作用，而不是合作的精神。」

現在我們看看這封信是否能加以改善而重寫，我們不需要浪費時間談我們的問題，就像亨利‧福特曾經說過的讓我們「得到對方的立場，由對方的觀點來看事物，正同由我們的觀點一樣。」

這裡是一種修改的方法，也許不是最好，但是不是能改善呢？

　　首雷格公司轉交夫姆雷先生，

　　前街 28 號，白洛克林，紐約

　　親愛的夫姆雷先生：

　　14 年來，貴公司一直是我們歡迎的好主顧。當然，對你們的照顧，我們表示非常感激，並且極願意提供你們更迅速有效的服務。可是，我們感到非常抱歉的需要談到一件事，那是當貴公司的卡車，像 11 月 10 日那種情形，在傍晚時候才交下大批貨物，這種服務就不可能了！

　　那是什麼原因呢？因為很多其他的客戶也在傍晚時候交貨，自然就會發生停滯的現象。至於貴公司運貨卡車，有時也難免在碼頭受阻，而使你們貨運延遲下來。

　　這情形不好，非常不好，可是又如何避免呢？

　　那就是如果可能的話，請貴公司在上午時分，把貨物交送到碼頭。這辦法使貴公司運貨卡車，可以迅速的繼續流動；你們交運的貨物，我們可以立即處理，而敝處的員工，每晚可以提早回

家，品嚐貴公司出品的鮮美麵食。看過這封信後，請勿介意，並非敝向貴公司建議改善業務方針，這封信的目的，是使敝處對貴公司有更有效的服務。

另外，今後貴公司貨物無論何時到達，我們仍願竭力迅速的替你們服務。

你處理業務很忙，請不必費神賜覆！

某某敬啟

很多失敗是因為你只想到自己

　　今天成千上萬的推銷員，疲倦，沮喪，酬勞不足，徘徊在路上！那是什麼原因？由於他們永遠只替自己所需要的打算、著想，而沒有注意到，他們所推銷的是不是我們所需要的東西。

　　如果我們要買我們需要的東西，會自己出去買，原因是我們所注意的，是如何解決自己的問題。假如有個推銷員，他的服務和貨物確實能夠幫助我們解決一個問題，他不必喋喋不休地向我們推銷，我們就會買他的東西。顧客喜歡覺得是自己主動買的，而不是由於推銷才買的。

　　但有很多人，花去一生的光陰在拼命推銷、努力銷售，卻不站在買主的立場論事。

　　現在有這樣一個例子……

　　我住在大紐約中心的「森林小丘」住宅區。

　　有一天，我正走向車站去的時候，碰巧遇到一個經營房地產的代理人，他在長島一帶買賣房地產，已有很多年了。他對我住的那個「森林小丘」住宅區很熟悉，所以我問他，我住的那種房子是用什麼材料建造的。他回答我不知道，可是都說了些我所知道的……關於我所問他的那情形，他說可以去問我那住宅區的詢問機構。

第二天早晨，我接到他一封信……他是要把我想知道的事告訴我？那不需要寫信，花 60 秒鐘時間掛個電話給我就行了。但他沒有這樣做，還是叫我去問那個詢問機構，最後卻是要我幫他辦理我的保險業務。

　　他並沒有注意到如何幫助我，他只是注意幫助他自己。

　　我該給他兩本歐文‧楊著的小冊子，那是「去賜予」和「幸運的分享」。他如果看了那兩本書，而又能履行書中的哲學，相信他的收獲有超過千倍辦理我保險的利益收入。

　　那些專業的人往往也犯有這種同樣的錯誤。那是數年前的事，我去費城一位著名的喉鼻醫生的診療室。這位醫生在還沒有看我喉間扁桃腺前，問我職業是什麼。他不去注意我扁桃腺的大小，而注意我錢袋的大小。他所關心的，不是幫助我、替我解決一個問題，最使他關心的，是能從我口袋裡得到多少錢。結果，他什麼也沒有得到……我輕視他人格的欠缺，放棄了請他診斷的打算，就走出他的診療室。

　　世界上就充滿了這些人：攫取、自私。可是那些不可得多的、不

自私的、服務他人的人，卻相反地獲得了很大的利益。歐文・楊曾經這樣說過：「一個人能置身於他人境地，能了解他人的意念活動，他不必考慮到將來的前途如何。」

　　如果看這本書，你只獲得到一件事——
　　你會永遠站在別人立場去打算、設想，並由對方的觀點去觀察事物的趨向。如果你真獲得了這本書上所說的那些事，那就是你一生事業轉折的關鍵。

自尊心最能激勵人心

研究會訓練班中有一位學生，憂慮他的孩子，原因是這孩子體重很輕，不肯乖乖的吃東西。孩子的父母通常是這樣責罵他：母親要他吃這個、那個！父親要他快快長大成人！

這孩子會注意到這些話嗎？他不會注意這些，也就像你不會去注意那跟你漠不相關的一次盛宴一樣。

一個沒有一點常識的父親，會希望一個三歲的孩子，能對 30 歲父親的見解，有所反應。可是那個父親最後覺察出來，那是不合情理的。所以他對自己說：「那孩子需要的是平麼？我如何將我所需要的，和他所需要的聯結起來？」

他開始想到那點時，問題就容易解決了。他孩子有一輛三輪腳踏車，那孩了喜歡在屋前人行道上踩著這輛三輪車玩。間隔他們幾家的一個鄰居家裡，有個「很壞」的大孩子，他常把那小孩推下三輪車，自己騎上。那小孩哭著跑回來，告訴自己母親，他母親出來，就把那「很壞」的大孩子推下三輪車，再讓自己孩子坐上車子，像這樣的情形，每天都發生。

這小孩所需要的是什麼？這問題不需要作深奧的探索。他的自尊，他的憤怒，他求得自重感的欲望這都是他本性中最強烈的情緒驅

使他想報復、痛擊這「很壞」的大孩子的鼻子！

　　如果他父親這樣告訴他，只要吃母親要他吃的東西，他就會快快長大，將來可以把這個「很壞」的大孩子一拳打倒。當他父親應許他那件事後，已不再是飲食的問題了！現在這孩子什麼都愛吃了，菠菜、白菜、鹹魚和任何其他食物。他希望自己快快長大，去打那個一再欺侮他的「暴徒」。

　　當那問題解決後，又有另外一個問題，困擾了這位父親……這小男孩有「遺尿」的壞習慣。

　　小男孩跟他祖母睡一起，祖母早晨醒來，摸摸床單，向小男孩說：「你看，強尼，昨夜你又幹了些什麼？」

　　強尼總是這樣回答：「不，我沒有弄濕床，是你弄濕的。」

　　父母打他，罵他，羞他，他母親無數次地告訴他，要他別那樣，可是強尼沒有改過他這個弄濕床的壞習慣。所以強尼的父母自問：「如何讓強尼這孩子改過遺尿、弄濕床的壞習慣？」

　　強尼他所要的是什麼？第一，他要穿像父親一樣的睡衣，而不願意穿像祖母那樣的睡袍。祖母已受夠了他夜晚的打擾，使她每夜不能舒服地入睡，所以強尼如果改去他那種壞習慣，她樂意替他買套睡

衣。第二，他要一張屬於他自己的床——祖母對這件事也不反對。

　　母親帶了強尼去一家百貨公司，以目示意櫃台女售貨員說：這位小紳士要買些東西！女售貨員使他感到自重的問：「年輕人，你要買些什麼？」強尼提起腳跟，站高了些，說：「我要替我自己買張床。」

　　當強尼看到他母親喜歡他買的床時，強尼母親向女售貨員又使了個眼色，女售貨員就向強尼說出那張床的可愛和實用。於是，這張床就買了下來。床送到的當天晚上，父親回家的時候，強尼奔到門口，大聲地叫說：「爸爸，爸爸，快上樓來看，我自己買的床！」

　　父親看到那張床，想到司華伯所說過的話，就對這小男孩點頭表示出讚許的眼神。「強尼，你不會再弄濕這張床了，是不是？」

　　「噢，不，不，」強尼連連搖頭說：「我不會再弄濕這張床的。」由於他自尊心的關係，這孩子遵守了自己的諾言……強尼再也不「遺尿」弄濕床了。因為那是他的床——他自己買的。現在強尼穿起睡衣，就像個小「大人」一樣，他要做個「大人」，他做到了。

　　另外有個父親，叫特許門，是一位電話工程師，也是我訓練班裡

的學員。他所遭遇到的困擾，是他三歲的女兒不肯吃早餐。經常對這小女孩的責罵、請求或是哄騙，都無法收到效果。

這小女孩喜歡模仿她的母親，似乎覺得自己已長大了。所以有一天早晨，他們把她放在一張椅子上，讓她做早餐——眼前的情形，正是這小女孩心理上的需要。當她正在做早餐時，父親走進廚房來。小女孩看到父親進來，就說：「嗨，爸爸，你看——我在做早餐呢！」

就在那天早晨，小女孩沒有任何人的哄騙、誘勸，乖乖地吃了兩大碗。由於她對這件事感興趣，滿足了她的自重感。做早餐的時候，她找到了表現自己的機會。

威立姆‧溫德說過：「表現自己，那是人性最主要的需要。」

可是，為什麼在我們事業上，不用這種同樣的心理學呢？

所以，待人處世的基本技巧：

一、不要批評，責怪或抱怨。

二、獻出你真實，誠懇的讚賞。

三、引起別人的渴望。

第三章

如何成為最受歡迎的人

要受人歡迎並不難

紐約電話公司曾經做過一項調查，研究在電話中，最常用到的是什麼字，這個答案也許你早猜對了，那就是人稱代詞中的「我」。在500次電話談話中，曾用了3990「我」字。「我」「我」「我」……

當你看到一張有你在內的團體相片時，你先看的是誰？

如果你以為人們都關心你，對你發生興趣，請你回答這個問題，如果你今晚死了，會有多少人參加你的喪禮？

除非你是先關心了別人，不然別人為什麼會對你發生興趣、又憑什麼來關心你呢？

拿出你的筆把下面的話記下來：

如果我們只是想使人注意，使人對我們發生興趣，我們永遠不會有很多真誠的朋友。朋友，真正的朋友，不是那樣結交的。

拿破崙曾經這樣嘗試過，他和約瑟芬最後一次相聚時，他說：「約瑟芬，我曾經是世界上最幸運的人，然而在這時候，你是這世界上我唯一任信的人了。」在歷史學家的眼光裡，拿破崙是否真正信任約瑟芬，還是個疑問呢！

維也納著名的心理學家阿德勒寫過一本書，書名叫《自卑與超越》。在那本書上，他說：「一個不關心別人，對別人不感興趣的

人，他的生活必遭受重大的阻礙、困難，同時會替別人帶來極大的損害、困擾，所有人類的失敗，都是由於這些人才發生的。」

可能你已閱讀過許多深奧的心理書籍，而尚未意識到有這樣重要的一句話，我不喜歡再次的重複，可是阿德勒的話太富意義了，所以我再重複的寫在下面：

一個不關心別人，對別人不感興趣的人，他的生活必遭受重大的阻礙、困難，同時會給別人帶來極大的損害、困擾，所有人類的失敗，都是由於這些人才發生的。

我曾在紐約大學選修短篇小說著述法的課程。這期間，聽過一位著名雜誌的編輯的演講。他說他每天可以撿起桌上數十篇小說中的任何一篇，只要看上幾段後，就可覺察出作者是否喜歡別人。如果那作者不喜歡別人，那麼別人也不會喜歡他的作品。

這位飽經世故的編輯，在他演進過程中，有兩次稍微的停頓了一下，為他移開主題而道歉。他說：「現在我要告訴你們的，如同你們聽牧師講的一樣，可是，別忘記，你如果要做一個成功的小說家，你必須先對別人發生興趣。」

要對別人感興趣

　　塞斯頓是位成功的魔術家，他在百老匯獻技時，我去他化妝室拜訪過他，我們促膝談了一個晚上。40 年來塞斯頓走遍世界各地，他驚人的魔術絕技，風靡了無數的觀眾，約有六千萬以上的觀眾看過他的表演，而使他有二百萬元的收入。

　　我請塞斯頓先生談談他成功的秘訣，他說了些過去歷史的片段，他的學校教育，跟他眼前的成功完全沒有關係，他在幼年就離家出走，成了一個漂泊流浪者，偷乘火車，睡在草堆上過夜，挨家求乞。由車窗觀看鐵路兩旁廣告，讓他認識了幾個字。

　　他有高人一等的魔術知識？不！這是他自己對我說的。關於魔術的書，已出版的有數百本之多。目前在魔術方面，有像他這樣造詣的，也有數十人。可是他有兩件事，是別人所沒有的：

　　一、他有表演的人格魅力，因為他懂得人情世故。他每一個動作姿態和說話的聲調，都經過事前嚴格的預習，他舉止敏捷，反應靈活，分秒不差。

　　二、除此以外，塞斯頓對人有純厚的興趣，他告訴我，有些魔術家，看著觀眾而對他自己說：這些傻瓜、鄉巴佬，我要好好的騙他們

一下。可是塞斯頓就完全不是那樣，他告訴我，每次當他上台時，必先對自己這樣說：「我要感謝這些捧場的觀眾，他們使我獲得舒服的生活，我要付出最大的力量，做好這場表演。」

他說，每逢他走向台前時，就會對自己這樣說：「我愛我的觀眾，我愛我的觀眾。」可笑嗎？不近情理嗎？你可以隨你的意思去想，我只是把這位最著名魔術家處世為人的技巧，不加評論地提供給你參考。

另外，蘇門‧亨克夫人告訴我同樣的事。她不顧貧困，忍住傷心，她的一生充滿了悲劇，有一次，甚至還想抱著她的孩子一起自殺。她雖然處在這樣惡劣的環境中，可是，她還是把自己所喜愛的歌唱，繼續演唱下去，最後成為一位轟動一時的「華格納」式的歌唱家。她自己承認，她成功的秘訣，是對「人」深切地產生了興趣。

真心的關愛他人

　　老羅斯福總統有驚人的成就，受到人們的歡迎，這也是他成功的秘訣之一。連他的僕人們也都敬愛他。他的黑人侍從愛默斯，曾寫了一本關於他的書，書名是《西奧多‧羅斯福心目中的英雄》，在那本書裡，愛默斯說出一件感人的故事：

　　「有一次，我的妻子問總統，美洲鶉鳥是什麼樣子？因為她從沒有見過鶉鳥，而羅斯福總統不厭其詳地告訴了她。過些時候，我家裡的電話鈴聲響了──愛默士和他妻子，住在羅斯福總統牡蠣灣住宅內一所小房子裡──我妻子接了電話，原來是總統親自打來的。羅斯福總統在電話裡告訴她，現在窗外正有一隻鶉鳥，如果她向窗外看去，就可以看到了。」

　　這樣關心一樁小事情，正是羅斯福總統的特點之一。無論什麼時候，當他經過我們屋子外面……有時並沒有看到我們，我們仍可聽到「嗨……愛默斯！」，「嗨……安妮！」那親切的呼叫聲。

　　像這樣一位主人，怎麼能不使佣人們喜愛？誰能不喜歡他呢？

　　有一天羅斯福進白宮去見塔夫特總統，正值塔夫特總統和夫人外出。老羅斯福是真誠的喜歡那些底下人，他對白宮裡所有的佣人，甚至做雜務的女僕，都叫得出她們的名字問好。亞契‧白德曾經有這樣

一段記述：

「他看到廚房裡女佣人愛麗絲的時候，問她是不是還在做玉蜀黍的麵包。愛麗絲告訴他，有時候做那種麵包，那是為了佣人們吃的，樓上他們都不吃了。

「羅斯福聽了大聲說：『那是他們沒有口福，我見到總統時，把這件事告訴他。』

「愛麗絲拿了一塊玉蜀黍麵包給羅斯福，他邊走邊吃走向辦公室，經過園丁、工友旁邊，向他們每一位打招呼……」

羅斯福和他們每一位親切的招呼談話，就像他做總統時一樣……有個老佣人，眼裡含著淚水說：「這是我這幾年來最快樂的一天，在我們中間，就是有人拿了一百塊錢來，我也不會和他交換的。」

哈佛大學校長伊利亞博士，對別人的問題，有深刻的關心和興趣，所以他會被學校裡每一個師生所愛戴。這裡是伊利亞博士處世待人的一個例子：

有一天，有個大學一年級學生克列頓，到校長室借用「清寒學生貸款」50 元。後來那個克列頓這樣說：

「我拿到錢後，心裡非常感激，正要走出辦公室時，伊利亞校長把我叫住，說：『你請坐一會兒……聽說你在宿舍親手做飯吃，如果你吃得適宜、充足，我並不以為那對你有不好的地方，我過去在大學時，也這樣做過……』我聽來感到很意外，他接著又說：『你有沒有做過肉餅，如果把它弄得又爛又熟的話，那是一道很可口的菜，過去我就喜歡吃這個菜。』他接著詳詳細細地說出肉餅的做法……」

不要忘記友誼、珍惜友誼

這是由我自己的經驗所發覺到的，如果我們真誠的關心別人，就能夠獲得美國最忙的人的注意和合作！讓我舉出這樣一個例子來：

數年前，我曾在白洛克林茲術科學研究院，舉辦一種小說著述的課程，我們希望當時名作家諾里斯、赫司德、塔勃爾、許斯等來我們班上，講述他們寫作的經驗。於是我們寫給他們每人一封信，說我們非常欣賞他們的作品，所以希望他們能抽出一些時間，來我們班上一次，講些他們的寫作經驗和成功的秘訣。

每封信上，有 150 名學生的簽名。在信上我們還這樣說……我們知道他們一定很忙，沒有演講的時間，所以我們在每封信裡，附上一張請求有所解釋的問題表，請他們填下自己寫作的方法等項後，把這張表寄給我們。他們很喜歡這樣的一封信。所以他們都老遠從家中趕來白洛克林，幫助我們解決那些問題。

我們運用同樣的辦法，曾請到老羅斯福總統任上的財政部長、塔夫特總統任上的司法首長和其他很多名人來我演講班中演講。

所有的人，不管他是屠夫，烤麵包的，或者是寶座上的國王，都喜歡尊敬他的人。德皇威廉就有這樣一個例子。

第一次世界大戰結果後，全球的人無不指責威廉是大戰的禍首，他逃亡荷蘭後，連德國人也不願理他。憎恨他的人，何止千百萬，甚至有人要把他抓來碎屍萬段。

在這股怒火燎原的公憤中，有一個小男孩，寫了一封簡單誠懇、充滿了誠摯和欽佩的信，寄給德皇威廉。德皇看了這封信後，受到極大的感動，就邀請這小男孩去見他。這小男孩真的來了，是他母親陪同他一起來的。後來德皇和孩子的母親結了婚。這小男孩不需要看如何交友和如何影響他人的書，他天性就已知道如何做了。

假如我們想交朋友，應該先出來替別人做些事——需要時間、精力、正義、體恤的事。當愛德華公爵是皇儲的時候，他有周遊南美洲的計劃，在他尚未出發之前，費了一段時間去研究西班牙語言，為的是可以直接和南美洲各國人士談話……所以他到了南美洲後，受到那裡人們的特別歡迎。

這些年來，我認真地打聽朋友的生日……這件事是如何進行的呢？我當然是不會相信「星相學」上那類的見解，可是我見了朋友，

就問他們是否相信人的生日，跟每個人的性格、個性有關？然後我請他告訴我，他的出生年月日。如果他說生在 11 月 24 日，我自己就牢牢地把這日子記住。待他一轉身時，我悄悄把姓名、生日記下，回家後，再寫在一本「生日筆記本」上。

在每年的年初，我把這些生日，寫在我桌上的桌曆上，到了有人生日那一天，我就發給他一封賀函或賀電。當那人接到賀函或賀電時，他是多高興……除了他的親人以外，我是世界上唯一知道他生日的一個朋友。

如果我要交朋友，要用我們最熱誠的態度去歡迎他們。有人打電話給你，你也應該有那種同樣的心情，而以極歡迎的口氣，加上一句說：「你好！」紐約電話公司舉辦一個訓練班，訓練接線生……詢問者問「什麼號碼」時，該再加上一句「我很高興為你服務」。以後我們接到電話時，也應該記住這個。

人人都喜歡被關心

這種哲學運用在商業上有效嗎？我可以舉出很多例子來，可是不願意太費時間，只舉兩個例子——

查爾斯‧華特服務於紐約市一家極具聲譽的銀行，他被指派調查一家公司業務情況的秘密報告。華特知道有家實業公司的經理，對這情形最清楚，可以提供他所需要的資料，華特就去拜訪那位經理。正當華特被引進經理室時，一個年輕女子由門外探頭進來，告訴那位經理說，她那天沒什麼好郵票給他。

經理向那女郎點點頭後，接著向華特解釋說：「我在替我那 12 歲的孩子收集郵票。」

華特坐下說明他的來意，就即提出他的問題。可是那位經理卻是含糊其辭，概括籠統，不搭邊際地應付了一陣，很明顯的，他是不願意說。華特用盡了辦法，也無法使他多說些，這次談話簡短枯燥，得不到一點要領。

華特也是我講習班裡的一個學員，他說：「說實在的，我真不知該怎麼辦才好……後來，我突然想起他那個女秘書對他說的話，郵票、12 歲的小孩，同時我又想到，我們銀行的國外匯兌部常和世界

各地通信，有不少平時少見的外國郵票，現在正可以派上用場。

　　第二天的下午，我再去拜訪那位經理，同時傳話進去，我有很多郵票，特地帶來給他的兒子……你說，我是不是受到熱烈的歡迎？那是當然的事，他緊握我的手，臉上滿是喜悅的笑容。他看了看郵票，一再地說：『我的兒子喬一定喜歡這一張……嗯，這一張更好，那是少有見到的。』

　　我們談了半個小時的郵票，還看他兒子的相片……隨後，不需要我再開口了。他費了一個小時以上的時間，提供出各項我所需要的資料。他說完自己所知道的情形後，又把公司裡的職員叫來問，接著還打了幾個電話問他的朋友……而且還指出那家公司財產狀況的各項報告、函件，這使我得到極大的收獲。」

　　這是另外一個例子。

　　克納夫是費城一家煤廠裡的推銷員，多年來他一直想把廠裡的煤，賣給一家聯營百貨公司，可是那家公司始終不買他的煤，依舊向市郊一家煤商購買。更使他按不下這股氣的是——每次運送煤時，又正好經過他辦公室的門前。克納夫為了這件事，在講習班上大發牢

騷，痛罵聯營百貨公司對國家、社會是有害的。

他嘴裡這樣講，可是還不甘心……為什麼老是勸不動那家公司買他的煤？

我勸他嘗試另外一種不同的方法，情形就是這樣的，我把講習班裡的學員，分成兩組，展開了一次辯論會，主題是──「連鎖性百貨公司的業務發展，對國家害多益少。」

依照我的建議，克納夫參加了反對的那一組，他同意替那家公司辯護。然後，我要他直接去見那個不買他的煤的百貨公司負責人。

克納夫見到那負責人後，就這樣對他說：「我不是來要求你買我的煤，我有一件事想請你幫個忙……」他把來意講完後，接著說：「因為我找不到除了你以後，還有誰能提供我這項資料……我很想在辯論會中獲勝，希望你能提供更多有關方面的資料。」

這是克納夫自己敘述的有關當時的情形：

　　我請求那負責人給我一分鐘談話的時間，經過這樣傳話後，他才答應見我。當我說明來意後，他請我坐下。結果我們談了一小時零四十七分鐘。他打電話給另外一家連鎖機構高級職員，那

人曾經寫過一本有關連鎖性百貨公司的書。他寫信給全國連鎖性聯營百貨公司公會，替我找來不少有關這方面的辯論記錄。

　　他覺得他的公司，已做到服務社會的宗旨。他對自己的工作感到滿意而自豪。他談話的時候，兩眼閃耀出熱忱的光芒。所以對我來講，我必須承認開了我的眼界，使我看到我做夢都想像不到的事，使我改變了對他原有的想法。

　　我要離開的時候，他親自送我到門口，一手搭在我肩膀上，預祝我辯論會上獲得勝利。最後，他對我說：「到春末的時候，你再來看我，我願意訂購你公司的煤。

　　這件事對我來講是椿奇蹟，我沒有提到，並不央求他，可是他卻要買我的煤了。由於我真誠地對他，就他的問題發生了興趣，在這兩個小時內所得到的進展，比這十年中所得到的還多。原因是我過去只關心到我自己和我的煤，現在我是關心他和他切身的問題。

　　克納夫所發現的，並不是一項新的真理。遠在基督降生前，一位著名的羅馬詩人西塞羅，就曾經這樣說過：「要別人對我們發生興趣時，我們先要對別人發生興趣。」

　　如果你想擁有一種能使人愉快的人格、個性，和一項更有效的處理人際關係的技能，我希望你去買一本林克博士所著的《歸向宗教》。

　　你別看了這書名，就心生恐懼或反感，那不是一本說教的書。

　　這本書的作者，是一位著名的心理學家，他曾經親自會見並加以指導過三千多個自認內心苦悶，而請他解答「人格、個性」問題的人。

　　林克博士告訴我，他這本書可以更名為《如何完善你的人格》，因為書中內容，就是討論這問題。我相信你會發現這是一本有趣、簡明、新穎的讀物。

　　所以你要使別人喜歡你，必須遵守的第一條規則是：

　　真誠地對別人發生興趣。

笑容是最強的肢體語言

　　一個人的行動，比他所說的話，更有表現力，而人們臉上的微笑，就有這樣的表示：「我喜歡你，我覺得你人很好，我非常高興見到你！」

　　為什麼人們那麼喜歡狗？我相信也是同樣的原因……你看它們那麼的喜歡跟我們接近，當它們看到我們時，那股出於自然的高興，使人們喜歡了它們。

　　那「不誠意」的微笑，又如何呢？微笑是從內心發出的，那種不誠意的微笑，是機械的、敷衍的，也就是人們所說的，那種「皮笑肉不笑」的笑容，那是不能欺騙誰的，也是我們所憎厭的。

　　紐約一家極具規模的百貨公司裡的一位人事經理，跟我談到這件事。他說他願意雇用一個有可愛的微笑，小學還沒有畢業的女孩子，而不願意雇用一個臉孔冷若冰霜的哲學博士。

　　美國一家很大的橡膠公司的董事長告訴我，依他的觀察，一個人的事業成功與否，完全在他對這項事業是否感興趣？而不是苦幹、鑽研的去打開他成功的大門。他曾這樣說：

　　「有若干人，開始一樁事業的時候，懷著極大的希望和興趣，所以能在早期獲得部分的成就。當他們對這項工作感到厭煩、沉悶，失

去了原有的興趣時，他的事業也會漸漸走向下坡，終至失敗。」

　　如果你希望別人用一副高興、歡愉的神情來接待你，那麼你自己先要用這樣的神情去對別人。

　　我曾經向上千個商界人士建議，每天遇到人就展開一個輕鬆的微笑。這樣經過一星期後，回來講習班，說出所得到的心得、效果如何。你先看這是紐約證券交易所一位史汀哈丹先生寫來的信，他的情況絕非特例，事實上，是很常見的。

　　史汀哈丹的信上這樣寫著：

　　「我結婚有 18 年了，這些年來，從我起床到離開家這段時間內，我太太很少看到我臉上的笑容，也很少說上幾句話。

　　「由於你叫我從微笑的經歷所得的效果作一演講，我就嘗試了一個星期……第二天早晨我梳頭的時候，從鏡子裡，看到自己那張繃得緊緊的臉孔，我就問自己說：『皮爾，你今天必須要把你那張凝結得像石膏的臉鬆開來，你要展出一副笑容來……就從現在開始。』坐下吃早餐的時候，我臉上有了一副輕鬆的笑意，我向我太太說：『親愛的，你早，你曾拜訪過我！』

「她一定會感到很驚奇，但你低估了她的反應。當時她迷惑、楞住了。我可以想像到，那是出於她意想不到的高興。這是我太太所希望看到的一件事，是的，兩個多月來，我們家庭的生活，已完全改變過來了。

「現在我去辦公室，會對電梯員微微一笑地說：『你早！』我對司機也投之一笑……去櫃台換錢時，對裡面的夥計，我臉上也帶著笑容……我在交易所裡時，對那些從沒見過面的人，我的臉上也帶著一縷笑容……

「這樣沒有多久，發現每一個人見到我時，都向我投之一笑。對那些來向我道『苦經』的人，我以關心的、和悅的態度聽他們訴苦。而無形中把他們所認為苦惱的事，變得容易解決了。我發現微笑替我帶來了財富，那是很多很多的財富。

「我和另外一個經紀人，合用一間辦公室。他雇用了一個職員，是個可愛的年輕人，那年輕人漸漸地對我有了好感。我對我自己所得到的成就，感到得意和自豪，所以我對那年輕人，自然地提到『人際關係學』，這個新的哲學。

「那年輕人曾這樣告訴我，他初來這間辦公室時，認為我是一個

凌厲可憎，脾氣極壞的人，而最近一段時間來，他對我的認識，已徹底的改了過來。他說：『你笑的時候，很有人情味！我也改掉原有對人的批評，把斥責人家的話，換成讚賞和鼓勵。我再也不會說我需要什麼，而是儘量去接受別人的觀點。眼前事實的演變，已改變了我原有的生活，現在我是一個跟過去完全不同的人了……一個比過去更快樂，更富有的人。』」

行動是你內心的說明書

心理學者威廉・詹姆斯說：

「行動像是追隨著一個人自己的感受……可是，事實上，行動和感受是並道而馳的。所以你需要快樂時，可以強迫自己快樂起來。」

「人們都想知道要如何尋求快樂，這裡有一條途徑，或許可以把你帶去快樂的境界。那就是讓自己知道，快樂是出自自己內在的心情，不需要向外界尋求的。」

不管你擁有些什麼……你是誰……你在什麼地方……或者你是做什麼事的……只要你想快樂，你就能快樂。眼前有這樣一個例子：有兩個人，他們有同樣的地位，做同樣的事，他們的收入也一樣，可是其中一個輕鬆愉快，另外那個卻是整天愁眉苦臉。這是什麼原因？答案很簡單，他們兩個所懷的心情不一樣。

莎士比亞曾這樣說過：「好與壞無從區別，那是由於每個人的想法使然（想法不同所驅使的）。」

林肯也曾經這樣說過：「大多數人所獲得的快樂，跟他們意念所想到的相差不多。」

他說的不錯。最近我找到了一個明確的印證：

我正走上紐約長島車站的石階梯時，看到有三四十個行動不便的

殘疾孩子走在我前面，他們用拐杖很辛苦地一級一級走上石階梯，有些還要有人抱著上去。可是他們的快樂、歡笑，使我感到驚奇。

後來，我找到管理這些孩子們的老師，談到這件事，他說：「是的，當一個小孩子，他體會出將要終身殘疾時，會感到難受而不安。可是這種難受不安過去後，他也只有聽天由命，繼續尋求他們的快樂，他們現在比一般正常的兒童還快樂。」

我真想向那些殘疾的孩子們致敬，他們給了我一個永遠無法忘記的啟示與教訓。

金錢無法買到微笑的價值

　　當瑪麗・畢克馥特準備與范朋克（即道格拉斯・費爾班克斯）離婚時，我有一個下午跟她在一起。人們或許以為她那時的心境非常凌亂，可是事實上並非如此，她仍然顯得安詳而愉快。她如何使自己鎮靜、安詳下來呢？她的秘訣是，事情已如此，就不要替自己去找煩惱，而要從她自己的心底去尋找快樂。

　　白格過去是棒球隊裡的三壘手，現在是美國一位成功的保險商，你說他有一套成功的秘訣嗎？是的，他經過多年的研究，認為微笑是永遠受人所歡迎的。當他進辦公室前，總是在外面停留片刻，從回憶中找出一件使他高興的事來，讓自己臉上發出一縷出自心底的微笑，然後才進去。他相信雖然微笑是一件微不足道的小事情，可是卻使他的保險業務，有了極大的成就。

　　我們再看看哈巴德這項神奇的建議……可是你別忘記，你必須真正去實行，不然，你只是「看」，純粹觀望那是沒有用的。他的建議是這樣的：當你外出的時候，把下巴往裡收，抬頭挺胸，使你胸部充滿了新鮮的空氣。遇到朋友時，跟他握手，必須要把你心神灌注在你手掌中。別怕誤會，別想不愉快的事，不要讓你的仇敵侵入你的意識中，跟朋友就這樣握手。

要在你心目中，確定你喜歡做的是什麼，然後方向不變勇往直前地去做。當你精神集中在你喜歡做的事業上時，在往後的歲月之中，你會發現你所渴望的機會，都給你掌握住了。

你要時時把自己想像成懷有才幹，待人誠懇，有益於社會的一個有用的人。你有了這種想法後，會時時刻刻的改變你自己，使你的人格漸漸變成這種類型。你必須知道，一個人的思維能力，能形成一股極大的力量。

保持一種正確的心理狀態——勇敢、誠實和樂觀。正確的思想，能啟發創造力。所以有很多的事情，都是由理想、欲望而來的。凡你真誠的祈求，都會獲得完全的應驗。我們想要獲得什麼成就，只要把這種意念孕育在我們心裡，我們就會有這樣的收穫！放鬆你凝重的臉色，抬起頭，我們就是明天的主宰。

古代人充滿著智慧，他們有一句格言，你應剪下來，貼在你帽子裡。那句格言是：「人們如果臉上沒有帶著笑容的話，那就千萬別開店」——「人無笑臉莫開店」。

剛才我們談到開店，弗雷克·依文在為那家——考林公司所做的廣告中，有這樣幾句話，含有相當的啟示深刻的哲理——

聖誕節「一笑的價值」！

它不需要耗費些什麼，可是卻有很多的收穫。

它使獲得者蒙益，施予者也無損失。

它發生於剎那間，可是給人的回憶卻永遠存在。

任何有錢的人，不會不需要它。而貧窮的人，卻因它而致富。

它在家庭中能產生快樂的氣氛。在生意買賣上，能製造好感。在朋友間，是善意的招呼。它使疲憊者有了休息，使失望者獲得光明，使悲哀者迎向陽光，又使大自然解除了困擾。

它無處可買，無處可求，無法去借，更不能去偷⋯⋯當你尚未得到它前，對誰都沒有用的。

如果在聖誕節，最後一分鐘的忙碌中，我們的店員或許太疲倦了，以致沒有給你一個微笑，能不能留下你的微笑？

因為沒有給人微笑的人，更需要別人給他微笑。

所以，如果你希望人們都喜歡你。

第二項規則是：

微笑！微笑！微笑！

要記住別人的名字

　　那是在一八九八年，紐約洛克雷村發生的一樁悲劇。那裡有個小孩去世了，下葬的那天，村裡的人都準備去送殯。阿雷也是送殯行列中的一個，他去馬棚裡拉出一匹馬來……這時正值寒冬的時候，地上積了一層厚厚的雪。那匹馬關在馬棚裡已經有多天了，它出來外面，高興非凡，身體打轉玩著，把兩條腿高高的舉了起來，阿雷一不小心被馬活活踢死。所以洛克雷村在那一個星期裡舉行了兩樁葬禮。

　　阿雷去世，留給他妻子和 3 個孩子的，僅是幾百元的保險金。

　　阿雷的長子吉姆只有 10 歲，為了家中的生活，就去一家磚廠工作……他把沙土倒入模子中，壓成磚瓦，再拿去太陽下晒乾。吉姆沒有機會受更多的教育，可是他有愛爾蘭人樂觀的性格，使人們自然地喜歡他，願意跟他接近。所以，他後來加入政界，經過多年後，逐漸養成了一種善於記憶人們名字的特殊才能。

　　吉姆沒有進過中學，可是到他 46 歲時，已有 4 個大學贈予他榮譽學位。他當選過民主黨全國委員會主席，擔任過美國郵務總長。

　　有一次，我專程去拜訪吉姆先生，請他告訴我他成功的秘訣。他簡短的告訴我：「苦幹！」我對他這個回答，當然不會感到滿意。所以我搖搖頭說：「吉姆先生，別開玩笑。」

他問我：「你認為我成功的原因是什麼呢？」

「吉姆先生，我知道你能叫出一萬個人的名字來。」我這樣說。

「不，你錯了！」吉姆說：「我大約可以叫出五萬個人的名字。」

別對這個感到驚奇，吉姆就是有這種特殊的本領，才能幫助羅斯福進了白宮。

在吉姆為一家公司做推銷員的那些年中，他還擔任了洛克雷村裡的書記，這使他養成了一種記憶別人姓名的習慣……

吉姆的這套方法並不困難。他每逢遇到一個新朋友時，就問清楚對方的姓名，家裡的人口多少，那人的職業，和對當前政治的見解。他問清楚這些後，就牢牢記在心裡。下次遇到這人，即使已相隔了一年多的時間，他還能拍拍那人的肩膀，問候他家裡的妻子兒女，甚至於還可以談談那人家裡後院的花草。

羅斯福開始競選總統前幾個月，吉姆一天要寫數百封信，分發給美國西部、西北部各州的熟人、朋友。繼後，他搭乘火車，在 19 天的旅途中，走遍美國 20 個州，經過 12000 公里的行程。他除了火車外，還用其他交通工具，像輕便馬車、汽車、輪船等。吉姆每到一個城鎮，都去找熟人吃早餐、午餐、茶點、晚餐，作一次極誠懇的談

話，接著再趕往他下一段的行程。

　　當他回到東部時，立即給在各城鎮的朋友，每人一封信，請他們把曾經談過話的客人名單寄來給他。那些不計其數的名單上的人，都得到吉姆親密而極禮貌的覆函。

　　吉姆早就發現，一般人對自己的姓名，比把世界上所有的姓名堆在一起的總數，還感到重要和關心。把一個人的姓名記住，很自然的叫出口來，你已對他含有微妙的恭維、讚賞的意味。若反過來講，把那人的姓名忘記，或是叫錯了，不但使對方難堪，對你自己也是一種很大的損害。

　　我在巴黎曾經組織過一個演講術的講習班，用複印機複製宣傳材料分發給居住在巴黎的美國人。我雇用的那個法國打字員英文程度很差，打印姓名時就發生了錯誤。其中有個講習班的學員，是巴黎一家美國銀行的經理，我接到他一封責備的信，原來我那個法國打字員，把他的姓名字母拼錯了。

鋼鐵大王的處世風格

　　他被人稱作「鋼鐵大王」，可是他對鋼鐵懂得並不多。而上千個替他工作的人，他們對鋼鐵的製造，要比安德魯・卡內基都內行。

　　安德魯・卡內基懂得如何管理人──這是他致富的原因，在早年他已顯出有超強的組織本領和領導天才。當他 10 歲的時候，已發現了人們對自己的姓名非常的重視。他有了這個發現後，就去加以利用。

　　這是他童年的一頁回憶：這個蘇格蘭男孩曾經獲得一隻兔子，是母的。不久這隻母兔生下一窩小兔來。可是，找不到可以餵小兔吃的東西。但是安德魯・卡內基想出一個聰明的主意來。他跟鄰近的那些小孩子說，如果誰去採小兔吃的東西，這隻小兔就叫誰的名字。他這個計劃，功效神妙，使安德魯・卡內基永誌不忘。

　　多年後，他經營各項事業，也都運用了同樣的技巧，使他獲得數百萬元的收入。例如：他要將鋼軌售給賓夕法尼亞鐵路局，湯姆生是這家鐵路局局長。安德魯・卡內基就在匹茲堡建造一座大鋼鐵廠，命名為「湯姆生鋼鐵廠」。

　　你猜猜看……賓夕法尼亞鐵路局在採購鋼軌時，湯姆生到底會向

哪一家買？

　　有一次，當卡內基和布爾姆競爭小型汽車、小客車業務的權利時，又想起了兔子的教訓。

　　安德魯‧卡內基負責的中央運輸公司，和布爾姆所經營的公司，雙方爭取太平洋鐵路的小型汽車、小客車業務，互相排擠，接連削價，幾乎已侵蝕到他們可以獲得的利益。卡內基遇到了布爾姆，他就這樣說：「晚安，布爾姆先生，我們兩個人是不是都在愚弄我們自己？」

　　布爾姆問：「你這是什麼意思？」

　　於是，卡內基就說出他的見解……他用了嚴正磊落的言辭，說出希望雙方的業務合併起來，由於雙方並不競爭，可以獲得更大、更多的利益。

　　布爾姆雖然注意聽著，並沒有完全同意下來，而最後他問：「這家新公司，你準備取用什麼名字？」卡內基馬上就回答：「那當然用布爾姆皇宮小型汽車、小客車公司了。」

　　布爾姆那張繃得緊緊的臉，頓時鬆了下來，他說：「卡內基先生，到我房裡來，讓我們詳細談談！」就是那一次的談話，寫下企業界一頁新的歷史。

安德魯‧卡內基有高超的記憶力和尊重他人姓名的作法，那該是他成為一位領袖人物的秘訣。他能叫出很多業務人的名字，這是他引以為自豪的。他常得意地說他親自處理公司業務的時候，他的公司從沒有發生過罷工的情形。

安德魯‧卡內基是慈善大師，他到去世之前總共捐出 3 億 5069 萬餘美元，他認為財富不應傳給自己的後代，臨終還要捐出剩下的 3000 萬美元，他有一句名言：「一個人死的時候如果擁有巨額財富，那是一種恥辱。」

你也是最重要的人物

那是兩百多年前的事，有錢的人常給那些作家們錢，要作家用他的名義出書。

圖書館、博物館有豐富的收藏，那些陳列品上都有捐贈者的姓名。原因是由於那些人，希望自己的姓名永遠延續下去。

一般人大概不會比羅斯福更忙，可是他甚至會把一個技工的名字，牢牢地記下。

經過情形是這樣的：克萊斯勒汽車公司為羅斯福先生製造了一輛特殊的汽車。張伯倫和和一位技工將這部車子送去白宮。張伯倫給了我一封信，說出當時的情形，他說：「我教羅斯福總統如何駕駛這輛有許多特別裝置的汽車，而他卻教了我許多處世待人的技巧。」

張伯倫先生的信上，這樣寫著說：

「我到白宮的時候，總統神色顯得非常愉快，他直呼我的名字，使我感到十分欣慰。特別使我留下深刻印象的是，當我說出有關這部車子每一個細節時，他都極注意地聽著。

「這部車子經過特殊設計，能完全用手駕駛。羅斯福總統在那一群圍觀的人面前，說：『這部車子本身就是一項奇蹟，你只要按下開關，它就能自己開動，可以不費力地去駕駛這車子，它奇妙的設計，

實在太好了……我不清楚其中的原理，真希望有時間拆開看看，那是如何配造成的。』

　　「當羅斯福的朋友們和白宮的官員們讚美這部車子時，他又說：『張伯倫先生，我真感謝你，你要費去很多時間、精力，才設計完成這部車子，這是一項無可批評，極其完美的工程。』他讚賞輻射器，特別是反光鏡、照明燈、椅墊的式樣，駕駛座的位置、衣箱裡的特殊衣櫃、和衣櫃上的標記。也就是說，羅斯福總統觀賞了車子裡每一個細微的設計。

　　「他知道我在這上面已下了不少苦心，他特別把這些設備指給羅斯福夫人、勞工部長和他的女秘書波金斯看。他還向旁邊的黑人侍從說：『喬治，你要好好照顧這些經過特殊設計的衣箱。』

　　「我把有關駕駛方面的情形講過後，總統向我說：『好了，張伯倫先生，我已經使中央儲備董事會等 30 分鐘了，我應該馬上回去工作了。』

　　「我帶了一位技工去白宮，我把他介紹給羅斯福總統。他沒有同總統談話，羅斯福總統只聽到一次他的名字。這技工是個怕羞的人，避居在後面，當我們要離去時，總統找到這個技工，跟他握手，叫他

的名字，感謝他來華盛頓。總統對這個技工的致謝並非出於表面，而是真誠用心的，這個我可以覺察得到。

「我回到紐約後不久，接到總統親筆簽名的相片和一封謝函。他如何能抽出時間來做這件事，使我感到訝異。」

羅斯福總統知道一種最簡單、最明顯、而又是最重要的如何獲得好感的方法，就是記住對方的姓名，使別人感到自己很重要……可是，在我們之間，又有多少人能這樣做？

當別人介紹一個陌生人跟我們認識，雖有幾分鐘的談話，臨走時已把對方的姓名忘得乾乾淨淨。

一個政治家的第一課，就是第三個原則：

「記住他人的姓名。」

與眾不同的優雅

　　最近我應邀參加一處橋牌的聚會。對我來講,我不會玩橋牌,真巧,另外有一位漂亮的小姐也不會玩橋牌!她知道我在湯姆斯從事無線電事業前,曾一度做他的私人經理。那時湯姆斯到歐洲各地去旅行,在他那段旅行期間,我幫助湯姆斯記錄下他沿途上的所見所聞。這位漂亮的小姐知道我是誰後,就立即說:「卡耐基先生,能不能請你告訴我,你去遊覽過哪些名勝古跡和其中的離奇景色?」

　　我們坐在旁邊沙發椅上,她接著提到,最近她跟她丈夫去了一次非洲。「非洲!」我接著說:「那多麼有趣……我總想去一次非洲,可是除了在阿爾及爾停留過 24 小時外,就沒有去過非洲其他地方……你有沒有去值得你緬懷的地方……那是多麼幸運,我真羨慕你,你能告訴我關於非洲的情形嗎?」

　　那一次談話,我們說了 45 分鐘,她不再問我到過什麼地方,看見過什麼東西。她再也不談論我的旅行,她所要的,是一個專心的靜聽者,使她能擴大她的「自我」,而講述她所到過的地方。

　　這是她與眾不同、特殊的地方?不,許多人都像她一樣的。

　　我最近在紐約出版商「格林伯格」的一次宴會上,遇到一位著名

的植物學家。我從沒有接觸過植物學那一類的學者，我覺得他說話極
有吸引力。那時我像入了迷似的，坐在椅上靜靜聽他講有關大麻、大
植物學家浦邦和布置室內花園等事，他還告訴了我關於馬鈴薯的驚人
事實。後來談到我自己有個小型的室內花園時，他非常熱忱的告訴
我，如何解決幾個我所要解決的問題。

　　這次宴會中，還有十幾位客人在座，可是我忽略了其他所有的
人，而與這位植物學家談了數小時之久。

　　時間到了子夜，我向每個人告辭，這位植物學家在主人面前，對
我極度恭維，說我「極富激勵性」……最後，指出我是個──最風
趣、最健談，具有「優雅談吐」的人。

　　「優雅談吐」？我？我知道自己幾乎沒有說話！如果我們剛才所
談的內容，沒有把它變更一下的話，即使我想談，也無從談起。原因
是我對植物學方面，所知道的太少了。

　　不過我自己知道，我已經這樣做了……那是我「仔細地、靜靜地
聽」。我靜靜地聽，用心地聽，我發現自己對他所講的，確實發生了
興趣，同時他也有這樣的感覺，所以自然地使他高興了。那種「靜

聽」，是我們對任何人一種尊敬和恭維的表示。伍福特在他《異鄉人之戀》一書中，曾經這樣說過：「很少人能拒絕接受那專心注意所包含的諂媚。」

我告訴那位植物學家，我受到他的款待和指導；我希望擁有他那樣豐富的學識——我真希望如此。我告訴他，希望能同他一起去田野散步，同時我希望能再見到他。

由於如此，他認為我是一個善於談話的人，其實，我不過是一個善於傾聽，並且善於鼓勵他談話的人而已。

談一件成功的生意，它的秘訣是什麼？我依照那位篤實的學者依烈奧特所說過的，他說：「一椿成功的生意往來，沒有什麼神秘的訣竅……專心靜聽著對你講話的人，那是最重要的，再也沒有比這個更重要的了！」

傾聽的力量

　　胡頓曾有過這樣一個經歷，他在我講習班裡說出這段故事：他在近海的新澤西州紐華城的一家百貨公司買了一套衣服。這套衣服穿起來實在使人太失望了，上衣會褪色，且把襯衫領子弄黑了。

　　他把這套衣服拿回那家百貨公司，找到那個當時跟他交易的店員，告訴他經過的情形。他說他「告訴」店員詳細經過？不，根本不是那回事……他想要把經過情形告訴那店員，可是他辦不到，想要說的話，都給那個似乎有點「口才」的店員，中途截斷了。

　　那店員反駁說：「這種衣服，我們賣出去已經有幾千套了，這是第一次有人來挑剔。」這是那店員所說的話，而且聲音大得出奇，他話中的含意就是──「你在說謊，你以為我們是可以欺侮的嗎？哼！我就給你點顏色看！」

　　正在爭論激烈之時，另外一個店員插嘴進來，那店員說：「所有黑色的衣服，起初都會褪一點顏色的，那是無法避免的……那種價錢的衣服，都有這種情形，那是料子的關係！

　　「那時，我滿肚子的火都冒了起來。」胡頓先生講述他的經過：「第一個店員，懷疑我的誠實。第二個店員，暗示我買的是次等貨……我惱怒起來，正要大聲責罵他們時……這時，那家百貨公司的

負責人走了過來。

「這位負責人似乎十分懂得他的職責，他使我的態度完全改變過來……他把一個惱怒的人，變成了一個滿意的顧客。他是如何做的？他把這情形分成三個步驟：

「第一，他讓我從頭到尾，說出我的經過，他則靜靜聽著，沒有插進一句話來。

「第二，當我講完那些話後，那兩個店員又要開始與我爭辯了。可是那負責人，卻站在我的觀點跟他們辯論……他說我襯衫領子，很明顯是這套衣服污染的。他堅持表示，這種不能使客人滿意的東西是不應該賣出去的。

「第三，他承認不知道這套衣服會這樣的差勁，而且坦直地對我說：『你認為我該如何處理這套衣服，你儘管吩咐，我完全可以依照你的意思做。』

「數分鐘前，我還想把這套討厭的衣服退掉，可是現在我卻這樣回答說：『我可以接受你的建議，我只是想知道，這褪色的情形是否是暫時的。或者你們有什麼辦法，可以使這套衣服不再繼續褪色。』

「他建議我，把這套衣服帶回去再穿一星期，看看情形如何！他

這樣說：『如果到時仍然不滿意的話，拿來換一套滿意的，我們因增加你的麻煩，感到非常抱歉。』

我滿意地離開那家百貨公司，那套衣服經過一星期後，沒有出現任何毛病，我對那家百貨公司的信心，也就恢復過來了。」

難怪那位先生是那家百貨公司的負責人，至於那些店員，他們不但終身要停留在「店員」的職位上，最好把他們降級到包裝部，永遠別跟客人見面。

最愛挑剔的人，最激烈的批評者，往往會在一個懷有忍耐、同情的靜聽者面前軟化下來！這位靜聽者，必須要有過人的沉著，他必須在尋釁者像一條大毒蛇張開嘴巴的時候靜聽。

另外，若干年前的一個早晨，有一位憤怒的顧客闖進「迪特茂毛呢公司」創辦人迪特的辦公室裡。

迪特茂先生對我解釋說：「這人欠我們 15 元……這位顧客雖然不肯承認，可是我們知道錯的是他。所以我們信用部堅持要他付款，他接到我們信用部幾封信後，就即來芝加哥，他匆忙地走進我的辦公室，告訴我說，他不但不付那筆錢，而且他表示，我們公司以後別想

再做他一塊錢的生意。

「我耐著性子靜靜地聽他所說的那些話，有好幾次，我忍不住氣，幾乎要跟他反駁爭論，中止他所講的那些話，可是我知道那不是最好的辦法。我儘量讓他發泄，最後，他這股氣焰似乎已慢慢平息下去了，我安靜地說：『我感激你特地來芝加哥告訴我這件事。事實上，你已替我做了一椿極有意義的事……如果我們公司信用部得罪了你，相信他們也會得罪別人，那情形就不堪設想了。請你相信我，我迫切地需要你來告訴我你剛才所說的那種情形。』

「他絕對不會想到，我會講出那些話來，可能他會感到有點失望。他來芝加哥的目的，是來跟我交涉的，可是我卻感謝他，並不跟他爭論。我心平氣和地告訴他，我們會取消帳目中那筆 15 塊錢帳款，同時把這件事忘掉。我向他這樣表示，他是個細心的人，需要處理的只是一份帳目，可是我們公司職員，卻要處理成千上萬份帳目，所以他可能不容易弄錯。

「我告訴他，我很了解他的處境，如果我遭遇到與他同樣的問題，也會有他這樣的想法。由於他不再買我們公司貨物，我十分誠懇地推荐了其他幾家毛呢公司給他。

　　「過去他來芝加哥時，我們經常一起吃午餐，所以那天我也請他吃飯，他勉強地答應了。但午餐後我們回到辦公室，他訂了比過去都要多的貨物，而且懷著平靜的心情回家去了。這位顧客似乎由於我對他的接待和處理，所以他回去仔細地查看他的帳單，終於我找出那份帳單，原來他自己放錯了地方。於是他把那筆 15 塊錢的帳款寄來，還附了一封道歉的信。

　　「迪特茂後來他妻子生了個男孩子，他就取用了我們公司招牌的名稱，替他兒子取名『迪特茂』。他一直是我們公司的忠實主顧，也是個很好的朋友，直到 22 年後，他去世的時候。」

他要的是「尊嚴」！

　　數年前，紐約電話公司碰上一個最凶狠最不講理的顧客，該顧客用最刻薄的字眼責罵接線生。後來他又指出，電話公司制造假的帳單，所以他拒絕付款。同時他要向報社投書，還要向公眾服務委員會提出申訴……這客人，對電話公司有數起的訴訟。

　　最後，電話公司派出一位最富經驗的「調解員」，去拜訪這位不講理的客人。這位「調解員」去那裡後，靜靜聽著……儘量讓這位好爭論的老先生，發泄他滿肚子的牢騷。這位電話公司「調解員」所回答的，都是簡短的「是！是！」並且表示同情他的委屈。

　　這位電話公司「調解員」來我們講習班上，說出當時的情形：「他繼續不斷的大聲狂言。我靜靜聽了差不多有3個小時——後來我又去他那裡，再聽他沒發完的牢騷。我前後訪問他四次。在第四次訪問結束之前，我已成為他始創的一個組織的基本會員，他稱之為『電話用戶保障會』，現在我還是這組織裡的會員，可是就我所知，除了這位老先生外，我是裡面唯一的會員。

　　在這次訪問中，我還是靜靜聽著，我用同情的態度，聽他所舉的每一點理由。據他表示：電話公司裡的人，從沒有這樣跟他說過話，而他對我的態度，也漸漸地友善起來。我對他所需求的事，在前三次

中，沒有提一個字，在第四次，我整個結束了這樁案件。他把所有的帳款都付清，並且在過去他接連找電話公司麻煩中這是他第一次撤銷對『公眾服務委員會』的申訴。」

　　無疑地，這位先生表面上看來是為社會公義而戰，保障公眾的權益，不受無理的剝削。可是，實際上他所要的是自重感，他用挑剔抱怨，去獲得這種自重感。當他從電話公司代表身上，獲得這份自重感後，他不必再舉出那些不切實際的委屈了。

當一個成功的聽話者

　　多年前，有個荷蘭籍的小男孩，在學校下課後，替一家麵包店擦窗，每星期賺五毛錢。他家裡非常貧苦，所以他經常提著籃子，去水溝撿從煤車上掉下來的煤塊。這孩子叫愛德華・巴克，一生沒有受過六年以上的教育。可是後來他卻成為美國新聞界一個最成功的雜誌編輯。他是如何幹起來的？說來話長，但他如何開始，則可以簡單地敘述。他用本章所提出的原則，作為開場。

　　他 13 歲離開學校，在一個「西聯」機構裡充任童工，每星期的工資是 6.25 元，他雖然處在極貧困的環境中，可是無時無刻不在追求接受教育的機會。他不但不放棄求學的意念，而且自己開始著手教育自己。他安步當車，從不搭乘公車，把午飯的錢也省了下來，那些錢積聚起來後，買了一部美國名人傳記──後來他做了一件人們聞所未聞的事。

　　愛德華・巴克把美國名人傳記詳細研讀過後，就寫信給傳記上的每一位名人，請求他們多告訴他一點，關於他們童年時候的情形。從巴克這個表現可以看出，他有一種善於靜聽的本質──他希望那些成名人物，談談他們自己。

　　他寫信給當時正競選總統的賈姆士將軍，他在信上問賈姆士，是

否確實做過運河上拉船的童工。賈姆士接到那封信後，給他一封詳細的覆函。巴克又寫信給格雷將軍，問他在那部名人傳記上，記述的有關一次戰役的情形……格雷將軍在回信中，畫了一張詳細的地圖，還邀請這個 14 歲的小男孩吃飯，他們談了一個通宵。

巴克寫信給愛默生，希望愛默生說些有關他自己的事……

這個原來在「西聯」機構傳送的童工，不久便和國內那些著名的人物通信，像愛默生、布羅斯、奧利弗、郎菲洛、林肯夫人、休曼將軍和台維斯等。

他不只是跟那些名人通信，而且利用他放假的時候，就即去拜訪他們其中數位，而成為那些人家裡所歡迎的客人。巴克的這種經驗，使他形成了一種無價的自信心。這些男女名人，激發了他的理想和意志，改變了他往後的人生。所有的這些，讓我再說一遍……都是由於實行了我們正在討論的這個原則。

一名記者馬可遜，訪問過不少風雲人物，他曾經告訴我們：「有些人不能給人留下好印象的原因，是由於不注意傾聽別人的談話……這些人關心自己下面所要說的是什麼，可是他們從不打開耳朵……」馬可遜又說：「有若干成名人物，曾這樣跟我說，……他們所喜歡

的，不是善於談話的人，是那些靜靜傾聽的人。能養成善於靜聽能力的人，似乎要比任何好性格的人少見。」不只是大人物才喜歡善於靜聽的人，即是一般普通的人也如此，都喜歡人家聽他講話。

　　正如文章中所說的：「很多人找醫生，他們所要的，不過是個靜靜的聽話者。」

傾聽的療癒效果

　　內戰情況最黑暗的時候，林肯寫了封信，給伊利諾州春田鎮的一位老朋友，請他來華盛頓，說是有些問題需要跟他討論。這位老鄰居來了白宮，林肯跟他說了數小時關於解放黑奴的問題……

　　林肯把這項行動讚成和反對的理由都加以研討，然後看了些信件和報上的文章，有的因為他不解決黑奴問題而譴責他，有的譴責他是為了怕他解放黑奴。這樣談了幾小時後，林肯和這位鄰居老朋友握手道別，送他回伊利諾州……

　　林肯並沒有徵求這位老朋友的意見，所有的話都是他自己說的，而他說出這番話後，心情似乎舒暢多了。

　　這位老朋友後來這樣說：「林肯跟我談過這些話後，他的神情似乎舒適、暢快了不少。」是的，林肯不需要這位老朋友的建議，他眼前所需的是友誼、同情，有一個靜聽他講話的人，借以發泄他心裡的苦悶。當我們在苦悶、困難的時候也有這樣的需要！

　　如果你想要知道，如何使人遠遠躲開你，背後笑你，甚至輕視你心裡有個很好的辦法……你永遠不必去仔細聽人家講話，只要不斷的談論你自己。如果別人正談著一件重要事情時，你發現有你自己的見

解，不等對方把話說完，馬上就提出來。在你想來，他絕對不會比你聰明，為什麼你花那麼多時間，去聽那些沒有見解的話？是的，就即插嘴，就用一句話，去制止他人的高論。

　　你曾遇到過那種人嗎？很不幸的，我碰到過。奇怪的是，有些這樣的人，還是社交界的名人。

　　那種人是令人「憎厭」而出了名的……他們被自己的自私心和自重感所麻醉，而為一般人所「憎厭」。

「只會談論自己的人，永遠只會為自己著想！」

　　可倫比亞大學校長白德勒博士，他曾經這樣說過：「這種人是無藥可救的，沒有受過教育的！」白德勒博士又說：「無論他曾接受過什麼樣的教育，仍然跟沒有受過教育一樣。」

　　所以，如果你要成為一個談笑風生，受人歡迎的人，你需要傾聽別人的談話。就像李夫人所說的：「要使別人對你感興趣，先要對別人感興趣。」問別人所喜歡回答的問題，鼓勵他談談他自己和他的成功以及光彩的事。

　　需要記住：跟你說話的人，對他自己來講，他的需要、他的問題，比你的問題要重要上百倍。他的牙痛，對他來講，要比發生天災死了數百萬人還重要得多。他注意自己頭上一個小瘡疤，比注意發生一場大地震還來得多。

　　所以，你如果要別人喜歡你，第四項原則是：
　　做一個善於靜聽的人，鼓勵別人多談談他們自己。

如何引人注目

　　每一個去牡蠣灣拜訪過羅斯福的人，對他淵博的學識都會感到驚奇。勃萊福特曾經這樣說過：「無論是一個牧童或騎士，政客或是外交家，羅斯福都知道應該跟他說些什麼。」那又是怎麼回事呢？答案很簡單，在接見來訪的客人之前，羅斯福已準備好了那位客人所喜歡的話題，和對方特別感興趣的事。

　　羅斯福就跟其他具有領袖才幹的人一樣，他知道這回事。深入人們心底的最佳途徑，就是對那人講他知道得最多的事物。

　　前任耶魯大學文學院教授費爾浦司，早年就知道了這個道理，他這樣說過：「在我八歲的時候，某個周末的星期六，我去姑媽家度假。那天晚上有位中年人也去我姑媽家，他跟姑媽寒暄過後，就注意到我。那時我對帆船有極大的興趣，而那位客人談到這話題上時，似乎也很感興趣，我們談得非常投機。他走了後，我對姑媽說，這人真好，他對帆船也極感興趣。姑媽告訴我，那客人是位律師，照說他對帆船方面不會有興趣的。於是，我問姑媽：『可是，他又怎麼一直說帆船的事呢？』

　　「姑媽對我說：『他是一位有修養的紳士，他讓自己到處受到歡

迎，所以才找著你所感興趣的話題，陪你談論帆船。』」

　　費爾浦司教授又說：「我永遠不會忘記姑媽所講的那些話。」

　　當我在寫這一個章節時，我面前有一封信，那是熱心童子軍工作的基爾夫先生寄來的。基爾夫在信上這樣寫著：「有一天，我需要找個人幫忙，原因是歐洲將舉行一次童子軍大露營，我要請美國一家大公司資助我一個童子軍的旅費。

　　在我會見那位大老闆之前，聽說他曾簽出過一張百萬元的支票，隨後又把那張支票作廢，後來他把那張支票裝入鏡框，作為紀念。

　　所以我走進他辦公室的第一件事，就是請求讓我觀賞那張支票。我告訴他，我從沒有聽說有人開過百萬元的支票，我要跟我那些童子軍們講，我的確見到過一張百萬元的支票了。他很高興地取出來給我看，我表示羨菖、讚美，同時請他告訴我，開出這張支票的經過情形。」

　　你注意到沒有？基爾夫先生開始並沒有立即談到童子軍的事和他的來意，而只是談談對方最感興趣的事。結果又如何呢？基爾夫信上這樣說：

「那位經理隨後問我：「哦，你找我有什麼事嗎？」於是，我就告訴他我的來意。

那真出乎我的意料之外，他不但立即答應我的要求，且比我原來要求的還要多。我只希望他讚助一個童子軍去歐洲，可是他願意資助5個童子軍去歐洲，而且連我自己也受邀在內。他簽了一張千元外匯銀行支付的憑證，叫我們在歐洲住7個星期。他又替我寫了幾封介紹信：吩咐歐洲各城市分公司的經理，妥善地照顧我們。

之後，他自己去歐洲，在巴黎親自接待我們，帶領我們遊覽全市……最後，他還為幾個家境清寒的童子軍介紹工作。這位大老闆，現在還盡其所能，在資助、幫扶這個童子軍團體。

當然這是我所知道的，如果事前沒有找出他興趣所在，使他高興起來，我很可能不會這樣順利地跟他接近的。」

商場上，這也是一種有價值的方法嗎？我現在再舉一個例子：

紐約有一家麵包公司經理杜凡諾先生，希望把自己公司的麵包賣給一家大旅館。四年來，他一直打這個主意，幾乎每星期都去找那家旅館的經理。杜凡諾知道那位經理要去一家交際場所，為希望有個接

觸見面的機會，他也跟著去那家交際場所。他甚至在那家旅館租下一間房間，只為獲得生意，可是他都失敗了。

　　杜凡諾先生說：「後來，我研究了人與人之間的關係後，才知道應該改變策略，想辦法找出他最感興趣的事，事先了解哪一方面會引起他的注意。

　　我發現他是美國旅館業公會的會員，他不但是會員，由於熱心地推進這個團體的業務，後來被推舉為這團體的主席。同時，他還兼任了國際旅館業聯合會的會長，不論開會地點在哪裡，他都搭乘飛機，飛越高山，橫渡沙漠、大海，去那裡開會。所以，我在第二天見他的時候，就問他關於該會的詳細情形，果然得到了一個極好的反應——他跟我講了半小時關於那次會的情形。他說的時候，是那麼的興高采烈，我已明顯地看出，那個團體組織是他興趣所在，也是他生活中的一部分，在我跟他分手前，他邀我加入他們的團體。

　　那時我並沒提到麵包的事，幾天後，他旅館裡的管事打了一個電話給我，要我把麵包的價目和樣品送過去。

　　我走進那家旅館，裡面那領班招呼我，說：『我不知道你在那老頭兒身上下了些什麼工夫……可是真的，你撓到他的癢處了。』

我回答說：『你該替我想一想——我在他身上花了四年時間，想要做到他的生意。如果不煞費腦筋找出他興趣所在，他所喜歡的是什麼，那還得要費不知多少時間呢！』」

　　所以，如果你要使別人喜歡你，那第五項規則是：

　　就別人的興趣談論。

讓對方馬上產生好感

　　我在紐約的 33 街第八大道的郵局裡依次排隊等著要發一封掛號信，我發現裡面面那個郵務員，對他的工作顯得很苦惱……稱信的重量，遞出郵票，找給零錢，分發收據，這樣單調的工作，年復一年地重複下去。

　　所以，我對自己說：「我過去試一試要讓那人喜歡我，我必須要說些有趣的事，那是關於他的，不是我的。」於是我又問自己：「他有什麼地方可以值得讚賞的？」這是個很不容易找出答案的難題，尤其對方是個素昧平生的陌生人。可是很容易的，我有了一個發現，我從這郵務員身上，找出一件值得稱贊的事了。

　　當他在稱我的信時，我很熱忱地說：「我真希望有你這樣一頭好頭髮！」

　　那郵務員把頭抬了起來，他的臉色神情，從驚訝中換出一副笑容來，很客氣地說：「沒有以前那樣好了！」我很確切地告訴他或許沒有過去的光澤，不過現在看來，依然很美觀。他非常高興，我們愉快地談了幾句，最後他對我這樣說：「許多人都稱贊過我的頭髮。」

　　我敢打賭，那位郵務員中午下班去吃午飯的時候，他腳步就像騰雲駕霧般地輕鬆。晚上回到家，他會跟太太提到這事，而且還會對著

鏡子說：「嗯，我的頭髮確實不錯。」

　　我曾在公共場所，講過這個故事，後來有人問我：「你想從那個郵務員身上，得到些什麼？」

　　我想得到些什麼？我想要從那個郵務員身上，得到些什麼？

　　如果我們是那樣的卑賤自私，不從別人身上得到什麼，就不願意分給別人一點快樂，假如我們的氣量比一個酸蘋果還小，那我們所要遭遇到的，也絕對是失敗。

　　嗯，是的，我確實想要從那人身上得到些什麼！我想要獲得一些極貴重的東西，而我已經得到了──我使他感覺到，我替他做了一件不需他報答的事。那件事，即使過了很久以後，在他回憶中，依然閃耀出光芒來。

　　人們的行為，有一項絕對重要的定律，如果我們遵守這項定律，差不多永遠不會遇到煩憂。

　　事實上，如果遵守這項定律，會替我們帶來無數的朋友和永久的快樂。可是如果違反了那項定律，我們就會遭遇到無數的困難。這項定律是「永遠使別人感覺重要。」

　　杜威教授曾這樣說過：「自重的欲望，是人們天性中最急切的要求。」詹姆士博士說：「人們天性的至深本質，是渴求為人所重視。」我曾經說過，人與動物相異之處，就在於自重感的有與無，而人類的文化也由此而起。

　　哲學家們對於人類關係的定律，思考了數千年。而所有的思考中，只引證出一條定律。那條定律不是新的，它跟歷史一樣的古老！三千多年前，索羅亞斯特把那條定律教給所有拜火教徒。二千六百年前，孔子在中國宣講，道教始祖老子教他的門徒。公元前 500 年，釋迦牟尼也把那條定律留傳人間。耶穌把那條定律，綜合在一個思想中，那是：全世界適用的一條重要的定律：「你希望別人怎樣待你，你就該怎樣去對待別人。」

　　你想要跟你接觸的人都讚同你，你想要別人承認你的價值，你想要在你的小世界裡，有一種自重感。你不希望受到沒有價值、不真誠的阿諛，你渴求真誠的讚賞。你希望你的朋友，就像司華伯所說的「誠於嘉許，寬於稱道」。所有的人都需要這些。

　　所以，這條金科玉律，**希望別人所給我的，我先去給別人**。如何做？何時做？在什麼地方做？這個答案是：任何時間，任何地點。

投其所好

　　有一次，我去無線電城詢問處打聽蘇文的辦公室號碼。那個穿著整潔制服的詢問員，似乎自己顯得很高貴，他很清晰的回答：「亨利・蘇文（頓了頓），18 樓（頓了頓），1816 室。」

　　我走向電梯，想了想，接著又走了回來，向那個詢問員說：「你回答問題的方法很漂亮，很清楚、恰當，你真像一個藝術家，實在不簡單。」

　　他臉上現出愉快的光芒，他告訴我，為什麼在答話時中間要頓一頓，為什麼每句話的幾個字要那麼說。他聽了我那些話後，高興地把領帶略微往上拉高些。當我搭乘電梯上了 18 樓時，我覺得我在人們快樂的總量上，又加上了一點。

　　你不需要等到就任駐法大使，或是做了一個很大俱樂部主席時，才去稱贊別人，你幾乎每天都可以應用它。

　　或是，我們要一份法式的煎馬鈴薯，而那個女服務生替你端來了煮的馬鈴薯，在那時候，我們就不妨這樣說：「對不起，要麻煩你了——我喜歡的是法式的煎馬鈴薯。」她會回答：「一點也不麻煩」，並且樂意替你去更換，因為你先尊重了她。

　　平時客氣的話，像「對不起，麻煩你，請你，你是否介意？⋯⋯
十分感激，謝謝你！」這些簡短的話，可以減少人與人之間的糾紛，
同時也自然地表現出高貴的人格來。

　　美國幽默作家馬克吐溫說：

　　「只憑一句讚美的話，我就可以充實的活上兩個月。」

讚美的力量

讓我們再舉個例子：美國著名小說家柯恩是個鐵匠的兒子，他一生沒受過八年以上的教育，可是在他去世的時候，他是世界上一位最富有的文人。

經過情形是這樣的——柯恩喜歡詩詞，所以他讀盡了羅賽迪的詩。甚至他還寫了一篇演講稿，歌頌羅賽迪學術上的成就，並且還送了一份給羅賽迪。羅賽迪很高興，他作這樣的表示：「一個年輕人，對我的才學有這樣高超的見解，他一定很聰明。」

羅賽迪就請這個鐵匠的兒子來倫敦，當他的私人秘書。柯恩一生的轉折點，就在這時候。他在這個新的職位上，見到了許多當代的大文豪，受到他們的指導和鼓勵，順利地開始他寫作的生涯，才使他享譽世界。

他的故鄉在格利巴堡現在已是旅遊的聖地。他的遺產有 250 萬元，可是誰會知道，如果他沒有寫那篇讚賞名詩人的演講稿，可能會默默無聞，貧困地離開這個世界。

這就是真誠，一股出自內心的讚賞的力量。

羅賽迪認為他自己重要，那並不稀奇，幾乎每個人都認為自己是最重要的一個，國家也是如此。

　　每一個國家都覺得比別的國家優越，這樣就產生了愛國主義和戰爭迭起的事端。

　　有一條最明顯的真理，就是你所遇到的任何人，幾乎每個人，都覺得自己某方面比你優秀。可是有一個方法，可以深入他的心底──就是讓他覺得你承認肯定他在自己的小天地裡，是高貴重要的，要真誠的承認肯定。

　　別忘記愛默生所說的：「凡我所遇到的人，都有比我優越的地方，而在那些方面，我能向他們學習。」

　　有些人剛剛覺得自己有些成就，就感到自滿，結果反而引起別人的反感和憎厭。莎士比亞曾經這樣說過：「人，**驕傲的人**，借著一點短促的能力，便在上帝面前胡作妄為，使天使為之落淚。」

　　我要告訴你，關於我講習班裡的學員的故事。他們運用了這條原理，而獲得了驚人的效果。第一個是康乃迪克州的律師，他不願意公開自己的名字，我們就用 R 先生來代替。

　　R 君來我講習班沒有多久，有一天，他駕著汽車陪太太去長島拜訪親戚，他太太留下他陪老姑媽閑談，自己另外看別的親戚去了。R

君要把學習所得作一次實地的應用，以便將來寫篇報告，於是他想從這位老姑媽身上開始，所以他朝屋子四周看了看，有哪些是值得他讚賞的。

她問老姑媽：「這棟房子是一八九〇年建造的，是嗎？」

「是的，」老姑媽回答：「正是那年造的。」

他又說：「這使我想起，我出生的那棟房子——非常美麗，建築也好。現在的人都不講究這些了。」

「是的，」老姑媽點點頭：「現在年輕人，已不講究住好看的房子，他們只需要一個小公寓和一部電視、一台電冰箱，再有就是一部汽車而已。」

老姑媽懷著回憶的心情，輕柔地說：「這是一棟理想的房子，這屋子是用『愛』所建造成的。我和我的丈夫，在建造之前，已夢想了很多年。我們沒有請建築師，完全是我們自己設計的。」

老姑媽領著 R 君，去各房間參觀。R 君對她一生所珍愛收藏的各種珍品，像法國式床椅、一套古式的英國茶具、意大利的名畫和一幅曾經掛在法國封建時代官堡裡的絲帷，都真誠地加以讚美。

R 先生接著又說：「老姑媽帶我參觀房間後，又帶我去車庫，裡

面停著一輛很新的凱特勒姆牌的汽車。」

她輕輕說：「這部車子，是我丈夫去世前不久買的——自從他去世後，我就再也沒有坐過——你喜歡欣賞美麗的東西，我要把這部車子送給你！」

R君聽到這話，感到很意外，婉轉辭謝，說：「姑媽，我感激你的好意，但是我不能接受。我自己已經有了一輛新的車子，你有很多更親近的親戚，相信他們會喜歡這部車子的。」

「親戚！」老姑媽提高了聲音說：「是的，我有很多更親近的親戚，他們希望我趕快離開這個世界，他們就可以得到這部車子，可是，他們永遠得不到。」

R君說：「姑媽，你不願意送給他們，可以把這部車子賣掉。」

「賣掉！」老姑媽叫了起來：「你看我會賣掉這部車子？你想我會忍心看著陌生人駕著這部車子行駛在街上？這是我丈夫特地為我買的，我做夢也不會想賣，我願意交給你，因為你懂得如何欣賞一件美麗的東西！」

R君婉轉的辭謝，不願接受她的贈予，可提他不能刺傷了老姑媽的感情。

這位老太太單獨一個人，住在這棟寬敞的房子裡，對著屋子裡這些精緻、珍貴的陳設，緬懷若干以往的回憶——她希望有一個人，跟她有同樣的感受。她有過一段金色的年華，那時她美麗動人，為男士們所追求。她建造了這棟孕育著「愛」的房子，並且從歐洲各地，搜集了很多珍品來加以陳設裝潢。

現在這位老姑媽，風燭殘年，孤零零的一個人，她渴望能獲得一點人間的溫暖，一點出於真心的讚美——可是，卻沒有一個人給她。於是當她發現她找到的時候，就像沙漠中湧出一泓泉水來，使她心底激動而感謝，甚至願意把這部凱特勒姆牌的汽車相贈。

這是紐約一位園藝設計家麥克烏霍所說的情形：

「在我聽了『如何交友和影響他人』（即《人性的弱點》）的演講後不久，我替一位著名的司法官設計園景。那位司法官出來提出他的建議，在什麼地方該栽種些什麼花。

「我說：『法官，你有很好的業餘嗜好——你那幾條狗都很可愛，我聽說你曾得過很多次賽狗會中的藍絲帶優等獎狀。』

我這句話果然出現了效果，那位司法官說：

「『是的，我對於養狗很感興趣，你要不要參觀我的狗舍？』

「他費了差不多一個小時的時間，帶我去看他的狗和他所得的許多獎狀。他拿出有關那些狗的血統系譜，告訴我每條狗的血統——由於有優越的血統，所以他養的狗都活潑、可愛。

「最後他問我：『你有沒有小男孩？』

「我告訴他有的。

「他接著問我：『你孩子會不會喜歡小狗？』

「我說：『嗯，是的，我相信他一定會喜歡的。』

「司法官點頭說：『那太好了，我送他一隻。』

「他告訴我如何養狗，頓了頓他又說：『我這樣告訴你，你很快就會忘了，讓我寫下來給你。』那位司法官走進屋裡，把他要送我的那條小狗的血統系譜和餵養的方法，用打字機很清楚地打了出來，然後給我一條價值百元的小狗，同時還浪費了他一小時又十五分鐘寶貴的時間。那是我對他的嗜好和成就表示真摯的讚賞所獲得的結果。」

再成功的人更需要讚美

　　柯達公司的伊斯曼，發明了透明膠片後，活動電影的攝製才獲得了真正的成功，同時也使他獲得了億萬的財富，成為世界上一位著名的商人。他雖然有這樣偉大的成就，可是他仍然跟你我一樣，渴求著別人的讚賞。

　　數年前，伊斯曼在洛賈士德建造伊斯曼音樂學校和凱本劇場。這個劇場是用來紀念他母親的。紐約優美座椅公司經理愛達森，希望能承辦該劇場裡的座椅工程，他打了個電話給建築師，約他去洛賈士德見伊斯曼。愛達森到了那裡，那位建築師說：「我知道你想得到座椅的訂貨合約，不過我需要告訴你，伊斯曼工作極忙，極嚴肅，如果你用了他五分鐘以上的時間，你就別打算再做這一筆生意了。他不但事情忙，脾氣也很大，所以我告訴你，當你快速地向他說明來意後，就即離開他的辦公室。」

　　當他被引進辦公室，看到伊斯曼正埋首工作，正在處理桌上一堆文件。伊斯曼見有人進來，抬起頭摘下眼鏡，向建築師和愛達森說：「兩位早，有何見教？」

　　建築師介紹他們認識後，愛達森說：「伊斯曼先生，我很羨慕你的辦公室。如果我擁有像你這樣一間辦公室，我一定也時南高興在裡

面工作。你知道我是從事於室內木工營業的，我從沒有見過像這樣一間漂亮的辦公室。」

　　伊斯曼回答說：「謝謝你提醒了我已差點忘了的事，這間辦公室很漂亮是不是？當初這間辦公室布置完成後，我確實非常喜歡，可是現在，由於我工作太忙，有時甚至於接連數星期，也不會去注意到這上面了。」

　　愛達森過去用手摸摸辦公室的壁板，說：「這是不是英國橡木？它和意大利橡木的品質，稍有不同」。

　　伊斯曼回答說：「是的，這是進口的英國橡木，是一位專門研究木材的朋友，替我特別挑選的。」接著，伊斯曼陪同他，參觀自己設計的室內陳設，包括木門、油漆色彩和雕刻工等。

　　他們在一扇窗前停了下來，伊斯曼和藹地表示，他要捐助給洛賈士德大學和公立醫院等一些錢，為社會盡一點心意。愛達森熱誠地恭賀他說，這是一樁古道熱腸的慈善義舉。伊斯曼打開玻璃櫥的鎖，取出他從前買的第一架攝影機——那是向一個英國人買下的發明品。

　　愛達森問他，當初如何開始他商業上的掙扎和奮鬥的。伊斯曼感慨地敘述他幼年時候的貧苦情景——他守寡的母親開了一家出租小公

寓，他自己則在一家保險公司做小職員，每天只賺 5 毛錢。他由於受飢寒所困，所以立志要刻苦奮鬥，免得母親辛勞至死。

愛達森又找些別的話題，而他自己卻只是靜靜地聽著！

伊斯曼談到他實驗室的一段往事：他說他過去做實驗的時候，在辦公室裡一待就是一整天的時間，有時候整個晚上——有時候，甚至穿起工作服，三晝夜不能脫下來。

愛達森是上午 10：15 分進伊斯曼辦公室的，當時那位建築師曾勸告他，最多只能耽擱五分鐘，可是，一小時，兩小時都過去了，他們仍然在談著。

最後，伊斯曼向愛達森說：「上次我去日本，買了幾張椅子回來，我把它們放在陽台上，後來陽光把椅子上的漆曬脫了，我買了些油漆回來自己漆，你要不要看看我自己漆椅子的成績如何？對了，你來我家，我們一起吃午飯，我讓你看看。」

午飯後，伊斯曼把他漆的椅子拿給愛達森看——那些椅子，每張不會超過 1.5 元，而事業上盈利億元的伊斯曼卻很自豪，只因為那是他自己漆的。

凱本劇場座椅這筆訂貨的總額是 9 萬元。你猜，是誰得到了定貨

合約？除了愛達森外，還會有其他人？就從那時候開始，直到伊斯曼
去世，他們一直保持著相當友好親密的友誼。

　　你我該從什麼地方開始，實施這種奇妙的試金石？為什麼不由你
自己的家庭開始呢？我不知道還有任何其他地方更為需要或是更能忽
略。我相信你太太一定有她的長處，至少曾經有過，不然你不會娶她
做妻子的。可是，你已經有多久沒有讚賞她的美麗了？有多久了？

　　有一次，我在紐白倫斯維搭的米拉密契河釣魚，我獨居在加拿大
森林的一個帳篷裡。那裡每天只能讀到鎮上出版的一份報紙。或許是
空閑的時間太多了，我把這份報刊登的每一個字，都詳細的看過。

　　有一天，我從報上「狄克斯婚姻指導」一欄裡，看到她的文章，
寫的非常好，我把它剪下保存起來。她那篇文章上這樣寫到，她說她
已經聽厭了人們對新娘所講的那些。她認為應把新郎拉到一邊，給他
這些聰明的建議。

　　狄克斯女士的建議是：「**不會甜言蜜語的別結婚，結婚前讚美女
人，似乎已是必然的事；可是在結婚以後給她讚美，那也是一種必須
具備的職事，婚姻不只是講誠實、還需要有外交的手腕。**」

稱贊別人快樂自己

如果你想每天過著快樂、美滿的生活，千萬別指責你太太治家有不妥的地方，或者拿她和你的母親做毫無意義的比較。

反過來說，你應該讚美她治家有方。而且還要有這樣的表示，認為自己很幸運，才得到了一位賢內助。如果她把飯菜做壞了，幾乎使你無法入口，你也別抱怨，不妨作這樣的暗示，今天的飯菜，沒有過去那樣可口。你太太有你這樣的暗示，她一定不顧辛勞，直到使你滿意為止。

不要突然就開始這樣做，那會使你太太起疑心的。

不妨今晚，或是明天晚上，替她買一束鮮花，或是一盒糖果——不要只是嘴上這樣說：「是的，我應該這樣做的。」

還需要你實際的去做——給她一個溫柔的微笑，加上幾句甜蜜的話。如果做丈夫的，和做太太的都能這樣做，我不相信每六對夫婦中，有一對會要鬧離婚。

你想知道，如何使一個女人愛上你？是的，這裡就有一個秘訣，一定有效。這不是我想出來的，這是我從狄克斯女士那裡借來的。

有一次，這位狄克斯女士，去訪問一位已成為新聞人物的「重婚者」。這人曾經獲得 23 位女人的芳心，和她們銀行裡的存款（這裡

需附帶說明的是，狄克斯女士是在監獄訪問他的。）當狄克斯女士問，他獲得女人愛情的方法時——他說並沒有什麼詭計，你只要對女人談論她自己就行了。

這技術用在男人身上同樣有效。英國最聰明的首相狄斯雷利說：「對一個男人談論他自己的事，他會靜靜地聽數小時之久。」

所以，你要使別人喜歡你，第六項規則是：

使別人感覺到他的重要——必須真誠的這樣做。

在此建議使人喜歡你的六種方法：

第一、真誠的對別人發生興趣。

第二、微笑、微笑、微笑。

第三、記住你所接觸的每一個人的姓名。

第四、做一個善於靜聽的人，鼓勵別人多談談他們自己。

第五、就別人的興趣談論。

第六、使別人感覺到他的重要——必須真誠的這樣做。

第四章

爭取對方的信任

爭論即使贏了，也是輸家

　　大戰結束後不久，有一個晚上我在倫敦，得到一個極寶貴的教訓。那時我是澳洲飛行南舉史密斯的經理人。大戰期間，他曾代表澳大利亞在巴勒斯坦擔任飛行的工作。戰事結束沒有多久，史密斯在30天中飛行地球半周這件事，舉世為之震驚，澳洲政府頒贈5萬元獎金，英國女王還授予他爵位。

　　在這一段時間，史密斯爵士在英國國旗下，是一個備受矚目的人物……可譽稱他是不列顛帝國的林白。有一個晚上，我參加一次歡迎史密斯爵士的宴會，那時坐在我旁邊的一位來賓，講了一段很幽默的故事，還用了一句成語。

　　說故事的那位來賓，指那句話是出自《聖經》，其實他錯了。我知道那句話的來歷，我確實知道，那時我為滿足自己的自重感，並且要顯出我的優越、突出，而毫無顧忌地糾正了他的錯誤。那人堅持自己的見解……什麼？那句話出自莎士比亞？不可能的，絕對不可能的……那句話出自《聖經》，他也認為他是對的。

　　這位講故事的來賓坐在我右邊，我的老朋友賈蒙坐在我左邊。賈蒙花了很多年的時間，研究莎士比亞的作品，所以那講故事的和我，都同意把這問題交給賈蒙先生去決定。賈蒙靜靜聽著，在桌下用腳踢

了我一下，然後說：「戴爾，那是你錯了……這位先生才對，那句話是出自《聖經》。」

那晚回家路上，我向賈蒙說：「你明知道那句話是出自莎士比亞的作品，為什麼竟說我不對呢？」

賈蒙回答說：「是的，一點也不錯……那是在莎翁作品《哈姆雷特》第五幕第二場上的台詞。可是戴爾，我相信你應該知道，我們是一個盛大宴會上的客人，為什麼一定要找出一個證明，指責人家的錯誤呢？你這樣做會讓人家喜歡你，對你發生好感？你為什麼不給他留一點面子呢？他並沒有徵求你的意見，也不要你的意見，你又何必跟他爭辯呢？最後我要告訴你，戴爾，永遠避免正面的衝突，那才是對的。」

「永遠避免正面的衝突！」說這句話的人已經去世了，可是他給我的教訓卻仍然存在。

那個教訓使我受到極大的影響。我原來是個固執、倔強的人，小時候就喜歡跟兄弟們爭辯，當我進大學後，我研究邏輯和辯論，而且經常參加各項辯論比賽。後來我在紐約教授辯論，甚至計劃寫一部辯論方面的書，幾年後的今天，我一直羞於承認。

從那時開始，我曾靜聽、批評，從事數千次的辯論，同時注意事後所產生的影響。由於這些，我得到一個結論，那也是一項真理，就是：天下只有一種方法，能得到辯論的最大勝利，那就是盡量避免辯論……它，就像避開毒蛇和地震一樣。

　　一場辯論的終了，十次中有九次，那些辯論的人會更堅持他們的見解，相信他們是絕對正確，不會錯的。

　　你辯論不能獲勝，因為你是真的失敗了，可是你如果勝了，還是跟失敗一樣。為什麼呢？假定你辯論勝了對方，把對方的意見，指責得體無完膚，幾乎指他是神經錯亂，可是結果又怎麼樣呢？你自然很高興，可是對方如何呢？你使他感覺到自卑，你傷了他的尊嚴，他對你獲得勝利，心中感到不滿。

　　你必須知道，當人們逆著自己的意見，被人家說服時，他仍然會固執地堅持自己是對的。

不要與顧客爭辯

巴恩互助人壽保險公司為他們的業務員定下一條規則，那就是：「不要與顧客爭辯」。

一個真正成功的推銷員，他決不會跟顧客爭辯，即使輕微的爭辯，也加以避免……人類的思想，不是那麼容易改變的。

現在有這樣一個例子：數年前，有一個好爭辯的愛爾蘭人叫奧哈爾，來我講習班聽講。他沒有受過很好的教育，可是喜歡爭辯、挑剔別人。他做過司機，後來是汽車公司推銷員，由於他發現自己業務表現並不理想，才來找我的。我跟他說過話後，才知道他推銷汽車時，常不願接受顧客的批評而發生口角。他對我說：「我聽了不服氣，教訓那傢伙幾句，他就不買我的東西了。」

對於奧哈爾，我開始不是教他如何講話，我訓練他如何減少講話和避免跟人爭論。現在奧哈爾已是懷特汽車公司的一位成功推銷員了。奧哈爾是如何做的？他說出自己的那一段經歷：

「假如我現在走進人家的辦公室，對方如果這樣說：『什麼？懷特汽車……那太不行了，就是送給我我也不會要的。我打算買福斯公司的卡車。』我聽他這樣說後，不但不反對，而且順著他的口氣說：『老兄，你說得不錯，福斯的卡車確實不錯。如果你買他們的，相信

不會有錯。福斯牌汽車是大公司的產品，推銷員也很能幹。」

　　他聽我這樣說，就沒有話可以說了，要爭論也無從爭起。他說福斯牌車子如何好，我毫不反對，他就不得不把話停住了⋯⋯他總不會一直指著福斯牌車子，說是如何好如何好。這樣，我就找到一個機會，向他介紹懷特牌車子的優點。

　　如果在過去遇到這種情形，我會覺得冒火，我會指那福斯牌汽車是如何的不好⋯⋯我愈說那家公司出品的汽車不好，對方愈會指它如何好，爭辯愈是激烈，愈使對方決心不買我的汽車。

　　現在回想起來，我真不知自己過去是如何推銷貨物的，由於這樣的爭論，不知使我失去了多少寶貴的時間和金錢。現在我學會了如何避免爭論，如何少講話，使我得到了許多的好處。」

　　就像聰明的老富蘭克林常說的：「如果你辯論、反駁，或許你會得到勝利，可是那勝利是短暫、空虛的⋯⋯你永遠得不到對方對你的好感。」

　　你不妨替自己作這樣的衡量⋯⋯你想得到的是空虛的勝利，還是人們賦予你的好感？這兩件事，很少能同時得到的。

波士頓一本雜誌上，有次刊登出一首含意很深，而且有趣的詩：
「這裡躺著威廉姆的身體，他死時認為自己是對的，死得其所，但他
的死就像他的錯誤一樣。」

　　你在進行辯論時或許你是對的，可是你要改變一個人的意志時，
就是你對了，也跟不對一樣。

　　瑪度是威爾遜總統任內財政總長，他由從事多年政治經驗中得到
一個教訓，他說的至理名言是：「我們絕不可能用辯論使一個無知的
人心服口服。」

　　瑪度先生說得太溫和了。據我的經驗，不只是對無知的人，即使
對任何人你都別想用辯論改變他的意志。

真正的高手，都會尊重對方

這裡有這樣一個例子：所得稅顧問派遜，同政府一位稅收稽查員，為了一筆 9000 元的帳目發生矛盾，爭論了一個小時。派遜指出這是一筆永遠無法收回的呆帳，所以不應該徵人家的所得稅。那稽查員反對說：「呆帳？我認為必須要繳稅。」

派遜在講習班上說：「跟這種冷厲、傲慢、固執的稽查員講理，那等於是廢話……跟他爭辯愈久，他愈是固執，所以我決定避免跟他爭論，換個話題，讚賞他幾句。」

我這樣說：「這問題在你來講，是一件很小的事，由於你處理過很多這一類的問題……我雖然研究過稅務，但都是從書上得來的知識，至於你所知道的，都是由實際經驗中得來的。我羨慕你有這樣一個職位，我跟你在一起，使我獲益不少。」

我跟他講的，句句都是實在話。那稽查員在座椅挺了挺腰，就開始談他的工作經驗，講了許多他所發現的舞弊案件。他的語氣漸漸平和下來，接著又說到他孩子身上。臨走的時候，他對我說，回去後再把這問題考慮一下，過幾天給我答覆。

三天後，他又來見我，他說那筆稅按照稅目辦理，決定不徵了。

這位稽查員，顯露出一種最常見到的人性的弱點，他需要的是一

種自重感。

　　派遜跟他爭辯，等於是挑戰了他的權威。於是，他就展現出他該有的權威，來獲得他希求的自重感。如果有人承認了他的重要性，這爭論也就自然地停止了。由於他「自我」已伸展擴大，就即變成一個和善而有同情心的人了。

　　拿破崙家裡的管事，時常和約瑟芬打撞球遊戲。在他寫的《拿破崙私生活回憶錄》中，曾有這樣一節：「我知道自己球藝不錯，不過我總設法讓約瑟芬勝過我，這樣會使她很高興。」

　　所以，人際關係的完美是要我們要讓顧客、朋友、丈夫或者是妻子，在細小的爭論上，勝過我們。

　　釋迦牟尼曾這樣說過：「恨永遠無法止恨，只有愛可以止恨。」

　　所以，誤會不能用爭論來解決（這時正義只能站一邊了），而需要用外交手腕和賦予對方同情來解決。

　　有一次，林肯責備一位與同事發生衝突的年輕軍官。

　　林肯說：「一個成大事的人，不能處處與別人計較，消耗自己的

時間去和人家爭論。無論的爭論，對自己性情上不但有所損害，且會失去自己的自制力。在盡可能的情形下，不妨對人謙讓一點。與其跟一條狗同路走，不如讓狗先走一步。如果給狗咬了一口，你即使把這隻狗打死，也不能治好你的傷口。」

所以，第一項規則是：

在辯論中，獲得最大利益的唯一方法，就是避免辯論。

不要為自己製造敵人

你可以用神態、聲調或是手勢，告訴一個人他錯了，這是你很容易就能做到的……而如果你告訴他錯了，你以為他會感激你？不，永遠不會！因為你對他的智力、判斷、自信、自尊，都直接的給予打擊，他不但不會改變他的意志，而且還想向你反擊。如果你運用柏拉圖、康德的邏輯來跟他理論，他還是不會改變自己的意志，因為──你已傷了他的自尊。

你千萬別這樣說：「你不承認自己有錯，我拿證明來給你看。」你這話，等於是說：「我比你聰明，我要用事實來糾正你的錯誤。」

那是一種挑戰，會引起對方的反感，不需要等你再開口，他已準備接受你的挑戰了。即使你用了最溫和的措辭，要改變別人的意志，也是極不容易的，何況處於那種極不自然的情況下，你為什麼不阻止你自己呢？

如果你要糾正某人的錯誤，就不應該直率地告訴他，而要運用一種非常巧妙的方法，才不會把對方得罪了。

就像吉斯爵士向他兒子說的：「我們要比人家聰明，可是你卻不能告訴他，你比他聰明。」

S 君是紐約一位年輕的律師，最近在美國最高法院辯護一件重要案子，這件案件牽涉到一筆巨額的金錢和一項重要的法律問題。

　　在辯護過程中，一位法官向 S 君說：「海軍法的申訴期限是六年，是不是？」

　　S 君沉默了一下，眼神注視了法官片刻，然後立即說：「法官閣下，海軍法中並沒有這樣限制的條文。」

　　S 君在講習班中，敘述當時的情形，說：「當我說出這話後，整個法庭頓時沉寂下來，而這間屋子裡的氣溫，似乎就在剎那間降到了零度。我是對的，法官是錯了，我告訴了他。可是，他是不是會對我友善，不，……我相信我有法律的根據，而且我也知道那次講的比以前都好。但是我並沒有說服那位法官，我犯了大錯，我直接告訴一位極有學問而著名的人物——他錯了。」

　　很少人有邏輯性，我們大多數的人，都懷有成見，我們之間，都被嫉妒、猜疑、恐懼和傲慢所毀傷。很多人不願意改變他的宗教、意志，甚至於包括他的髮型。所以，假如你準備告訴別人他們有錯誤時，請你每天早餐前，把魯賓遜教授所寫的一段文章讀一遍。

　　他是這樣寫的：

「我們有時發現自己會在毫無抵抗和阻力中，改變自己的意念。可是，如果有人告訴我們所犯的錯誤，我們卻會感到懊惱和懷恨。我們不會去注意一種意志養成，可是當有人要抹去我們那股意念時，我們對這份意念突然堅實而固執起來。並非是我們對那份意志有強烈的偏愛，而是我們自尊受到了損傷。」

「我的」兩字，在人與人之間，是個最重要的措辭，如果能恰當的運用這兩個字，是智能的開端。無論是「我的」飯，「我的」狗，「我的」屋子，「我的」父親，「我的」上帝，這言辭具有同樣的力量。

我們不只反對有人指我們的錯誤，或是我們的汽車太舊，而是不願意有人糾正我們任何的錯誤。對一樁我們認為「對」的事，總樂意繼續相信它。如果有人對我們有了某種的懷疑，就會激起我們強烈的反感，而用各種方法來辯護。

有一次，我請了一個室內裝潢師，替我配置一套窗簾。等到他把帳單送來，我嚇了一跳。

幾天後，有位朋友來我家，看到那套窗簾，提到價錢，幸災樂禍地說：「什麼……？那太不像話了，恐怕你自己不小心，受了人家的騙吧！」

真有這回事？是的，她說的都是真話，可是人們就是不願意聽到這類的實話。所以，我竭力替自己辯護。我這樣說，價錢昂貴的東西，總是好的。

第二天，另外有一個朋友到我家中，她對那套窗簾，誠懇的加以讚賞。並且她還表示，希望自己有一套那樣的窗簾。我聽到這話後，跟昨天的反應完全不一樣。我說：「說實在的，我配了這套窗簾，價錢太貴了，我現在有點後悔。」

當我們有錯誤的時候，或許我們會對自己承認……如果對方能給我們承認的機會，我們會非常的感激；不用對方說，極自然地我們就承認了。如果有人硬把不合胃口的事實，往我們的喉嚨塞，我們是無法接受的。

不要用肯定語氣指責對方

美國內戰時，一位極著名的輿論家格利雷，跟林肯的政見不合，他以為他那運用嘲笑、謾罵的爭辯方法，可以讓林肯接受他的意見，能使對方屈服。他連續不斷地攻擊林肯，一月又一月， 年又一年，就是在林肯被刺的那天晚上，他還寫了一篇粗魯、刻薄的嘲弄林肯的文章。

這些苛刻的謾罵攻擊，能使林肯屈服？不，永遠不能。

如果你想要知道，人與人之間如何相處，如何管理你自己，又如何改善你的人性、品格，你可以看《富蘭克林自傳》。這是一部有趣的傳記，也是一部美國文學名著。

在這部自傳中，富蘭克林指出，他如何改正他自己好辯的惡習，使他成為美國歷史上，一個能幹、和藹、善於外交的人物。

當富蘭克林還是一個經常犯錯的年輕人時，一天，一位教友會裡的老教友把他叫到一邊，結結實實地把他訓了一頓。

「朋友」，這位老教友叫富蘭克林的名字：「你太不應該了。你打擊跟你意見不合的人。現在已沒有任何人會理你的意見。你的朋友發覺你不在場時，他們會獲得更多的快樂。你知道的太多了，以致再

也不會有人，告訴你任何事情……其實，你除了現在極有限度的知識外，不會再知道其他更多了。」

據我所知，富蘭克林之所以能成功，那是要歸功於那位老教友尖銳有力的教訓。那時富蘭克林的年紀已不小，有足夠的聰明來領悟其中的真理。他已深深知道，如果不痛改前非，將會遭到社會的唾棄。所以，他把自己過去所不符合實際的人生觀，完全改了過來。

富蘭克林這樣說：「我替自己訂了一項規則，我不讓自己在意念上，跟任何人有不相符的地方，我不固執肯定自己的見解。凡有肯定含意的字句，就像『當然的』，『無疑的』等話，我都改用『我推斷』，『我揣測』，或者是『我想像』等話來替代。當別人肯定的指出我的錯誤時，我放棄立刻就向對方反駁的意念，而是作婉轉的回答……在某一種情形下，他所指的情形是對的，但是現在可能有點不合時宜了。

「不久，我就感覺到，由於我態度改變所獲得的益處……我參與任何一處談話的時候，感到更融洽，更愉快了。我謙卑地提出自己的見解，他們會快速的接受，很少有反對的。當我給人們指出我的錯誤時，我並不感到懊惱。在我『對』的時候，我更容易勸阻他們放棄他

們的錯誤，接受我的見解。

　　「這種作法，起先我嘗試時，『自我』很激烈地趨向敵對和反抗，後來很自然地形成習慣了。在過去 50 年中，可能已沒有人聽我說出一句武斷的話來。在我想來，正是由於這種習慣的養成，我每次提出一項建議時，總會得到人們熱烈的支持。我不善於演講，沒有口才，用字艱澀，說出來的話也不得體，可是大部分有關我的見解，都能獲得人們的讚同。」

做生意不要忘了「以和為貴」

　　紐約自由街 114 號的瑪霍尼，出售煤油業專用的設備。長島一位老主顧向他訂製一批貨，那批貨的製造圖樣已呈請批准，機件已在開始製造中。可是一件不幸的事忽然發生了。

　　這位買主跟他的朋友們談到這件事，那些朋友們提出了多種的見解和主意，有的說太寬太短，有的說這個那個，他聽朋友們這樣講，頓時感到煩躁不安起來。這買主立即打了個電話給瑪霍尼，他說絕對拒絕接受那批正在製造中的機件設備。

　　瑪霍尼先生說出當時的情形：「我很細心地查看，發現我們並沒有錯誤……我知道這是他和他的朋友們，不清楚這些機件的製造過程。可是，如果我直率地說出那些話來，那不但不恰當，反而對這項業務的進展非常危險。所以我去了一趟長島……我剛進他辦公室，他馬上從座椅上跳了起來，指著我聲色俱厲，要跟我打架似的。最後他說：『現在你打算怎麼辦？』

　　「我心平氣和地告訴他，他有什麼打算，我都可以照辦不誤。我對他這樣說：『你是出錢的人，當然要給你所適用的東西。如果你認為你是對的，請你再給我一張圖樣……雖然由於進行這項工作，我們已花去 2000 元。我情願犧牲 2000 元，把進行中的那些工作取消，重

新開始做起。

　　「不過，我必須要把話先說清楚，如果我們按你現在給我的圖樣製造，有任何錯誤的話，那責任在你，我們不需要負任何責任。可是，如果按照我們的計劃製做，有任何差錯發現，則由我們全部負責。

　　「他聽我這樣講，這股怒火似乎漸漸平息下來，最後他說：『好吧，照常進行好了，如果有什麼不對的話，只求上帝幫助你了。』

　　「結果，終於是我們做對了，現在他又向我們訂了兩批貨。

　　「當那位主顧侮辱我，幾乎要向我揮拳，指責我不懂自己的業務時，我用了我所有的自制力，盡量讓我不跟對方爭論辯護。那需要有極大的自制力，可是我做到了，那也是值得的。

　　「當時如果我告訴他，那是他的錯誤，並開始爭論起來，說不定還會向法院提出訴訟。而其結果不只是雙方起了惡感及經濟上的損失，同時失去了一個極重要的主顧。我深深地體會到，如果直率地指出人家的錯誤，那是不值得的。」

要尊重對方的意見

　　紐約的泰洛木材廠推銷員克勞雷，這些年來一直在說木材檢查員的錯處，他常在爭論辯護中獲勝，可是卻沒有得到過一點的好處。就是由於好爭辯，使克勞雷的兩家木材廠損失了上萬元。後來他來我講習班聽講後，決定改變他的方針，不再爭辯了，……結果如何呢？這是他提出的報告：

　　「有一天早晨，我辦公室的電話鈴響了，那是一個憤怒的顧客打來的電話，他說我們送去工廠的木材，完全不適用。他工廠已停止卸貨，並且要求我們，立即設法把那些貨從他們工廠運走。當他們在卸下一車貨的 1/4 時，他們的木料檢查員說，木料在標準等級以下 55%，在這種情形下，他們拒絕收貨。

　　「我知道這情形後，立即去他的工廠……在路上，心裡就在盤算，如何才是處理這件事的最好方法。在平常我遇到這種情形時，就需引證出木料分等級的各項規則，同時以我自己做檢查員的經驗和常識，來獲取那位檢查員的信任。我有充分的自信，木料確實合乎標準，那是他檢查上誤解了規則。可是，我還是運用了從講習班中所學到的原則。

　　「我到了那家工廠，看到採購員和檢查員的神色都很不友善。似

乎已準備好要跟我交涉、談判。我到他們卸木料的地方，要求他們繼續卸貨，以便讓我看看錯誤出在什麼地方。我請那位檢查員，把合格的貨放在這邊，把不合格的放另一邊。

「我看過一陣子後，發現他的檢查，似乎過於嚴格，而且弄錯了規則。這次的木料是白松，我知道這位檢查員只學過關於硬木的學識，而對於眼前的白松，並不是很內行。至於我則對白松知道得最清楚，可是，我是不是對那檢查員，有不友好的意思？不，絕對沒有。我只注意他如何檢查，試探地問他那些木料不合格的原因在什麼地方。我沒有任何暗示，或指明他的錯誤。我只作這樣的表示——為了以後送木材時，不再發生錯誤，所以才接連的發問。

「我以友好合作的態度，跟那位檢查員交談，同時還稱贊他謹慎、能幹，說他找出不合格的木材來是對的。這樣一來，我們之間的緊張氣氛漸漸地消失，接著也就融洽起來了。我會極自然地插進一句，那是經我鄭重考慮過的話，使他覺得那些不合格的木材，應該是合格的。可是我說得很含蓄、小心，讓他知道不是我故意這樣說的。

「漸漸地，他的態度改變了！他最後向我承認，他對白松那類的木材，並沒有很多的經驗，他開始向我討教各項問題。我便向他解

釋，如何是一塊合乎標準的木材。可是我又作這樣的表示如果不合他們的需要，他們可以拒絕收貨。最後，他發現錯誤在他自己，原因是他們並沒有指出需要上好的木料。

「我走後，這位檢查員又將全車的木材檢查一遍，而且全部接受下來，同時我也收到一張即期支付的支票。

「從這一件事看來，任何事情只要運用若干的手腕，並不需要告訴對方，他是如何的錯誤。在我來講，我替公司省了 150 元的損失，而雙方所留下的好感，那就不是用金錢所能估計的了。」

在這一章，我並沒有講出什麼新道理。在 19 個世紀以前，耶穌曾經這樣說過：『趕快讚同你的反對者。』

換句話說，別跟你的顧客、丈夫或是敵手爭辯，別指責他錯了，別激怒他，而不妨用點外交手腕。

在基督降生前 2200 年，埃及國王教訓他的兒子，說：『要用外交手腕，才能幫助你達到你所希望的目的。』」

所以，如果你要獲得人們對你的同意，那第二項規則是：
尊重別人的意見，永遠別指責對方是錯的。

錯了，就要馬上認錯

我差不多住紐約這個大都市的地理中心區，可是從家裡步行不到一分鐘，就有一片樹林。

春天來到時，樹林裡野花盛開，松鼠在那裡築巢養育它們的孩子，馬尾草長得有馬頭那麼高。這塊完整的樹林地，人們叫它「森林公園」。

那真是一片森林，可能跟哥倫布發現美洲的情景，沒有多大分別。我經常帶著那隻波士頓哈巴狗雷克斯，去公園裡散步。它是一隻可愛馴良的小狗，由於公園裡很少看到人，所以我不替雷克斯繫上皮帶或口籠。

有一天，我和雷克斯還在公園中，看到一個騎著馬的警察……一個急於要顯示他權威的警察。

他向我大聲說：「你讓那隻不戴口籠的狗在公園亂跑，難道你不知道那是違法的？」

我恭敬地回答說：「是的，我知道，不過我想它不會在這裡傷害人的。」

那警察脖子挺得硬硬的說：「你想？不用你想的，法律可不管你怎麼樣去想……你那條狗會傷害這裡的松鼠，也會咬傷來這裡的兒

童。這次我放過你，下次我看到你那條狗不拴鏈子，不戴口籠，你就得去跟法官講話了。」

　　我點點頭，答應遵守他所說的話。

　　我是真的遵守了那警察的話……但只遵守了幾次。原因是雷克斯不喜歡在嘴上套上一個口籠，我也不願意給它戴上……所以我們決定碰碰運氣。起初安然無事，有一次，我終於碰上了一個釘子。那次，我帶了雷克斯跑到一座小山上，朝前面看去，一眼就看到那個騎馬的警察……雷克斯當然不會知道怎麼回事，它在我前面，蹦蹦跳跳，直往警察那邊衝去。

　　這次我知道事情壞了，所以不等那警察開口，乾脆自己說了……我這樣說：「警官，我願意接受你的處罰，因為你上次講過，在這公園裡，狗嘴上不戴口籠，那是觸犯法律的。」

　　那警察用了柔和的口氣，說：「哦……我曉得在沒有人的時候，帶著一隻狗來公園裡走走，是蠻有意思的！」

　　我苦笑了一下，說了一聲：「是的，蠻有意思。只是，我已觸犯了法律。」

　　那警察反而替我辯護，說：「像這樣一隻小哈巴狗，不可能會傷

害人的。」

　　我卻顯得很認真地說：「可是，它可能會傷害了松鼠！」

　　那警察對我說：「那是你把事情看得太嚴重了……我告訴你怎麼辦，你只要讓那隻小狗跑過山，別讓我看到，這件事也就算了。」

　　這個警察，具有一般的人性——他需要得到一種自重感。當我自己承認錯誤時，他唯一能滋長自重感的方法，就是採取一種寬大的態度，顯示出他的仁慈。

　　那時，如果我跟那個警察爭論、辯護，那所得的結果，跟現在就完全相反。

　　假如我們已知道一定要受到責罰，那我們何不先責備自己，找出自己的缺點，那是不是比從別人嘴裡說出的批評，要好受得多？

　　你如在別人責備你之前，很快的找個機會承認自己的錯誤，對方想要說的話，你已替他說了，他就沒有話可說，那你有 99%的機會會獲得他的諒解。正像那騎馬的警察，對我和雷克斯一樣。

認錯，會贏得支持

　　華倫是一位商業美術家，他曾用這種方法獲得了一個粗魯、無禮的顧客的信心與好感。華倫回憶這件事的經過：「在替廣告商或出版商繪畫時，最重要的是簡明準確。

　　「有些美術方面的編輯人員，要求立刻替他們完成他們所交來的工作。在這種情形下，很難避免若干輕微的錯誤。在我所認識的人中，有位負責美術方面業務的客人，最喜歡挑剔找錯，我常會極不愉快地離開他的辦公室。並非由於他批評、挑剔使我不愉快，而是這位美術主任所指出的毛病並不恰當。

　　「最近，我交去一件在我匆忙中完成的畫，後來我接到他的電話，要我馬上去他辦公室……果然不出我所料，他一臉怒容，似乎要給我一個狠狠的批評、教訓。我突然想到，在講習班學到的『自己責備自己』的方法。所以我就立即說：『先生，我知道你會不高興，那是我無可寬恕的疏忽。我替你繪了這麼些年的畫，應該知道如何畫才是……我感到非常慚愧！』

　　「那位美術主任聽我這樣講後，卻替我分辯說：『是的，話雖然如此，不過還不算太壞……只是……』

　　「我插嘴接上說：『不管壞的程度如何，總會受到影響，讓人家

看了會討厭……』他要插嘴進來，可是我不讓他說。這是我有生以來第一次批評自己，我很願意這麼做。所以我接著又說：『我應該多加小心，你平時照顧了我不少生意。你應該得到你所滿意的東西……這幅畫我帶回去，重新再畫一張。』

「他搖搖頭，說：『不，不……我不想讓你有更多的麻煩……』他開始稱贊我，很真誠地對我說，他所要求的，只是一個小小的修改。他又指出，這一點小錯誤，對他公司的利益不會造成損失。他又告訴我，這是一個極細微的小錯，不需要太顧慮的。

「由於我急於認錯，並且不斷批評自己（自責），使他怒氣全消了。最後，他請我吃中午飯，當我們分手的時候，他簽了一張支票給我委托我另外一件工作。」

承擔責任、名留青史

任何一個愚蠢的人，都會盡力辯護自己的過錯……而多數愚蠢的人是這樣的。一個能承認自己錯誤的人，卻可使他出類拔萃，並且給人一種尊貴、高尚的感覺。有這樣一個例子：歷史所載，當年美國南方李將軍一樁最完美的事，就是他為在蓋茨堡之役的失敗自責，並將失敗歸咎到自己身上。

波克德的那次衝鋒戰，是西方歷史中最光榮生動的一次戰爭。波克德風度翩翩，長得非常英俊。他那褐色的頭髮，留得很長，幾乎落到肩背上……像拿破崙在意大利戰役中一樣，他每天在戰場上都忙著寫他的情書。

在那慘痛的七月的一個下午……他得意地騎著馬，奔向聯軍陣線，那股英武的姿態，贏得了所有部下士兵們的喝彩，並都追隨著他向前挺進。北方聯軍陣線的軍隊遠遠朝這邊看來，看到這樣的隊伍，也禁不住一陣低聲的讚美。

波克德帶領的軍隊，迅捷往前推進，經過果園、農田、草地，橫過山峽……始終，敵人的炮火朝他們猛烈的襲來，可是他們依然勇敢地向前推進。

突然間，埋伏在山背石牆隱僻處的聯軍，從後面蜂擁而出，對著

沒有準備的波克德軍隊槍炮齊射，山頂烈火熊熊，有如火山爆發。在
幾分鐘內，波克德帶領的 5000 大軍，幾乎有 4/5 都倒了下來。

阿密斯特著殘餘的軍隊躍過石牆，用刀尖挑起軍帽，激動地大聲
說：「弟兄們，殺啊！」

頓時士氣大增，他們搶過石牆，短兵相接，一陣肉搏後，終於把
南軍的戰旗豎立在那座山頂上。

最後，戰旗終於飄揚在山頂，雖然時間很短暫，卻是南方盟軍戰
功的最高紀錄。

波克德在這場戰役上，雖然獲得了人們對他光榮、勇敢的讚譽，
可是也是他結束的開始——李將軍失敗了！他知道已無法深入北方。

南軍失敗了！

李將軍受到沉重的打擊，懷著悲痛、懊喪的心情，向南方同盟政
府總統台維斯提出辭呈，請另派「年富力強的人」前來領軍。如果李
將軍把波克德的慘敗，歸罪到別人身上，他可以找出幾十個藉口
來——有些帶兵師長不盡職，馬隊後援太遲，不能及時協助步兵進
攻。這有不是，那有不對，可以找出很多的理由來。

可是李將軍不責備人，不歸咎於別人。當波克德帶領殘軍回來時，李將軍隻身單騎去迎接他們。令人敬畏地自責說：「這都是我的過錯，這次戰役的失敗，我應該負所有的責任。」

載入歷史的名將之中，很少有人有這種勇氣和品德，敢大大方方承認自己的錯誤。

別忘了有那樣一句話：「用爭奪的方法，你永遠無法得到滿足。可是當你謙讓的時候，你可以得到比你所期望的更多。」

所以，你要獲得人們對你的支持。你該記住第三項規則：

如果你錯了，迅速、鄭重地承認下來。

一滴蜂蜜比一加侖膽汁，會捕捉到更多果蠅

　　林肯大概在一百年前，就說過類似的話，他說：「一滴蜂蜜，比一加侖的膽汁，可以捉到更多的果蠅。」我們對人也是如此，如果要人們同意你的見解，先讓他相信你是他的忠實朋友，那就會有一滴蜂蜜，黏住了他的心，你也就走向寬暢、坦蕩的大路了。

　　以商人來說，如果知道如何運用和善的態度來對待罷工者，那是值得的。現在舉個例子來說：

　　懷特汽車公司 2500 個工人，為了增加工資，組織工會罷工的時候，那家公司的經理白雷克並沒有震怒、斥責、恫嚇，甚至於指責他們的行為是一項暴行。反而對工人們誇獎、稱贊。他在報上登了一則廣告，稱頌他們是「放下工具的和平方法」。

　　他看到罷工的糾察人員，閑著沒有事做，就去買了幾套棒球，請他們在空地上打球。為了有些愛玩保齡球的人不至於無事可做，他還替他們租了一間屋子。

　　白雷克和善的態度，使他獲得了友善的效果。那些罷工的工人，找來很多的掃把、鐵鏟、垃圾車，自發打掃工廠四周的紙屑、火柴、煙蒂。試想，那些罷工的工人，正在要求加薪和承認工會之時，卻還整理工廠四周的環境。這種情形，在美國勞資糾紛中，實在是少有見

到的。那次的罷工，在一個星期內以和解結束……沒有一絲惡感和怨恨地結束了。

　　另一位是律師，韋伯司特律師的樣子像一位天神，說話像耶和華，他是一位最成功的律師……他只提出自己有力的見解，而從來不作無謂的爭辯。他平時運用極溫和的措辭，來引述他自己最有力的辯護理由。

　　他平時常用的語句，就像：「陪審員諸君，關於您們所考慮的這一點……」「這情形似乎有探索的必要……」「諸位；這幾項事實，我相信你們是不會忽略的……」他或者這樣說：「我相信你們有對人情上的了解，所以很容易看出這些事實的重要……」

　　韋伯司特所說的話，沒有脅迫、沒有高壓，不將自己的意見加在別人身上。他用的是輕鬆的、友善的方法，而這方法使他成名。

寫給房東的信

你可能永遠不會被請去解決一樁工潮，也不可能去跟法院陪審員發言。可是，也許你希望減低你的房租，這種友善的方法，可以幫助你。我們且來看看：

工程師司托伯嫌自己住的房子房租太高，他希望減低些，可是他知道房東是個食古不化的老頑固。司托伯在講習班上說：「我寫了一封信給房東，告訴他在我租約期滿，就要搬出我的公寓，其實我並不想搬，如果能減低房租的話，我還是願意繼續住下去的。可是我知道情形並不樂觀，希望很小，原因是其他房客都試過了，結果也都失敗了。他們告訴我，房東是個很難應付的人。可是我對自己說，我正在研究如何應付人的課程，我不妨就在那房東身上試一試，看看效果究竟如何。

「房東接到我的信後，帶了他的秘書一起來看我。我在門口用司華伯那種熱烈歡迎的方式歡迎他。我並沒有第一句話就說到租金高那件事上，開始我先說如何喜歡他這公寓。我讚佩他管理房子的方法，同時我告訴他，我非常願意繼續住下去，可是我的經濟能力使我無法負擔。

「我相信他從沒有受到房客這樣歡迎過，他幾乎是手足無措了。

　　「接著，他也告訴了我，他所遭遇到的許多困擾——他說有些房客一直向他埋怨。他還說，其中有個房客，曾寫過 14 封信給他，有的簡直是侮辱。還有一位房客恐嚇他，除非上面一層樓的人睡覺不打呼，不然就立即取消租約。

　　「房東指著我說：『有你這樣一位滿意的房客，對我來講，那是再好沒有了。』然後不等我開口，他馬上自動的減少了一點租金。我希望租金再減低些，我於是說出所能負擔的數目，他聽了，沒有多說一句話，就接受了。

　　「最後，他臨走時，還這樣問我：『你房間裡，有沒有什麼需要裝修的地方？』

　　「當時，我如果用了其他房客所用的方法，要求房東減低房租，我相信我會遭遇到和他們同樣的情形。是友善、讚賞、同情的方法，才使我得到了這個效果。」

黛夫人的管家

在此，讓我們再舉一個例子！

那是一位女士的經驗之談，一位社交上極有聲望的女士，她是長島沙灘花園城鼎鼎大名的黛夫人。

黛夫人說：「最近我請幾位朋友吃午餐，這對我來講，是個重要的聚會，自然我希望聚會中所有事情，都能事事如意。

管事愛彌爾在這類事情上，常是我一個得力的助手，可是這次他使我失望透了。

那次午餐飯菜弄壞了，愛彌有他也沒有到場，只差了一個廚司侍者來。這個侍者對高等宴會的情形完全不清楚，把這次宴會弄得糟透了。我心裡恨透了，但在客人面前，不得不勉強賠笑，我對自己這樣說：『等我見到愛彌爾，一定饒不了他。』

這是星期三的事……第二天，我聽了關於人類關係學的演講，當我聽完之後，我領悟到責備愛彌爾，是沒有什麼用處的。如果事情嚴重了，反而使他憤怒、懷恨，可能以後也無法找他幫忙了。

我試著從他的立場著想：午餐的菜不是他買的，也不是他親自下廚做的，只怪那侍者太笨，才把那次宴會弄糟了，對於愛彌爾來講，他也沒有辦法。或許是我把事情看得太嚴重，不加思索就急於發怒，

我決定還是友善地對他、讚許他、誇獎他，相信這辦法，一定非常有效才是！

第二天，我見到愛彌爾，他顯得憤憤不平，似乎要跟我爭論、分辯那件事。我則這樣對他說：『愛彌爾，你知不知道，當我請客的時候，有你在的話多好。你是紐約最能幹的管家高手，這情形我也清楚，那天宴會的菜，不是你親手買回來做的。那天發生的事，在你來講，也是沒有辦法的。』

愛彌爾聽到這話，臉上的陰霾完全消失，他笑著對我說：『真的，太太，毛病就出在那個廚司侍者身上，那不是我的錯。』

我就接著說：『愛彌爾，我準備再舉辦一次宴會，我需要你提供意見，你以為我們應該再給廚司一個機會嗎？』

愛彌爾連連點頭說：『那當然，太太你放心，上次那種情形一定不會再發生了。』

下一星期，我又設宴請人吃午餐，愛彌爾向我提供有關那份菜單的資料，我給他加了不少小費，不再提過去那次的錯誤。

我們來到席間，桌上擺著兩束美麗的鮮花，愛彌爾親自在旁照

料，對來賓殷勤侍候。眼前的情形，就是我宴請瑪麗皇后，也不過如此了。菜餚美味可口，服務周到，由四個侍者在旁侍候，而不是一個。最後由愛彌爾親自端上可口的點心作為結束。

散席後，我的那位主客含笑問我說：『你對那個管事施了什麼法術？我從來沒有見過這樣殷勤招待的。』是的，他說對了……我對愛彌爾的友善，和對他誠懇的讚賞才有了這個效果。」

波士頓的密醫

在波士頓曾經發生了這樣一件事。這是布醫生在班上所講的形：

在那時候，波士頓的各報上，幾乎刊滿偽藥密醫的廣告，如專門替人打胎和庸醫的廣告，用駭人聽聞的話，恐嚇病人，使他們害怕，主要的目的就是騙錢。病人在接受治療後，任由那些密醫擺布而打胎，造成很多的死亡，可是這些庸醫、密醫被判罪的很少，他們只要花一點錢，或用政治的勢力，就可擺脫這個罪狀。

這情形日益嚴重，波士頓城裡上流社會的人士群起反對，講道的牧師在講台上抨擊、痛責那些刊登污穢廣告的報紙，他們祈求上帝能使那些廣告停止刊登。其他包括市民團體、商人、婦女會、教會、青年會等，均紛紛痛責，可是都無濟於事。州議會中，也有激烈的爭辯，要使這種無恥的廣告成為非法的，可是對方有政治勢力的背景，所以沒有產生任何效果。

那時布醫生是一個基督教團體裡的主席，他試用一切方法，但都失敗了，對付這種醫藥界敗類的運動，眼看就要毫無希望了。

有一個晚上，時間已經很晚了，布醫生自始自終地想著那件事，還沒有休息。終於被他想出一個所有波士頓人沒有想到過的辦法——他要試用友善、同情、讚賞的辦法，他要使報館自動停登那類廣告。

布醫生寫了一封信，給波士頓銷路最好的一家報社，他對那家報社讚譽有加，說那份報紙的新聞翔實，尤其報上那篇社論，更是令人矚目，那是一份最好的家庭報紙。布醫生在信上又這樣表示——那份報是全州最好的報紙，也是全美國最完美的新聞讀物。但他接著說：

「可是，我有個朋友，他告訴我說，他有一個年輕的女兒，有個晚上，他女兒朗誦你們報上一則廣告，那是一則專門替人打胎的廣告，他女兒不清楚這廣告上的含意，就問她父親那些字句的意思。我朋友給他女兒問得窘迫至極，他不知道該向這純潔、天真的女兒作如何的解釋。

「你們那份報紙，在波士頓高尚的家庭中，是一份受歡迎的讀物。在我朋友家庭裡發生的情形，是否在別的家庭裡也有這樣類似的情形發生？如果你有這樣一個純潔、天真、年輕的女兒，你是不是願意她看到那些廣告？當你女兒向你提到同樣的問題時，你又該作如何的解釋？

「貴報在各方面都很完美，由於有這類情形的存在，常使做父母的，不得不禁止他們子女閱讀貴報。對於這一點，我為貴報感到十分惋惜，其他上萬的讀者，我相信他們也會有跟我同樣的想法。」

　　兩天後，這家報社的發行人，給布醫生一封回信，這封信上的日期是 1904 年 10 月 13 日。這封信他保存了三十多年，當他是我講習班上一位學員時，他把那封信拿給我看。這封信的內容是：

　　「本月 11 日由本報編輯交來你的一封信，閱讀之餘，非常感激，這是多年來本報延宕至今，一直未能實施的一件事。

　　「自星期一起，本報所有報導中，將刪除一切讀者所不歡迎、反對的廣告。至於暫時不能停止的醫藥廣告，經編輯鄭重處理後，始行刊登，以不引起讀者反感為原則。

　　「謝謝你關切的來信，使我獲益良多。

發行人海司格爾」

　　記住林肯所說的那句話：「一滴蜂蜜，比一加侖膽汁，可以捉到更多的果蠅。」

　　當你要獲得人們對你的認可時。別忘了第四項規則：
　　以友善的方法開始。

讓你談話的對方，說「是、是」的技巧

　　跟人們談話時，別開始就談你們意見相左的事，不妨談些彼此間讚同的事情。如果可能的話，你更應該提出你的見解，告訴對方，你們所追求的是同一個目標，所差異的只是方法而已。

　　使對方在開始的時候，連連說「是！是！」如果可能的話，盡量防止他說「不！」。

　　奧弗斯德教授在他所著的那部《影響人類行為》一書中說過：「一個『不』字的反應，是最不容易克服的障礙，當一個人說出了『不』字後，為了自己人格的尊嚴，他就不得不堅持到底。事後，他或許覺得自己說出這個『不』字是錯誤的，可是，他必須考慮到自己的尊嚴。他所說的每句話，必須堅持到底，所以使人在一開始的時候，就往正面走，那是非常重要的。」

　　有說話技巧的人，開始的時候就能得到很多「是」的反應，唯有如此，他才能將聽者的心理，導向正面。

　　就以人們的心理狀態來講，當一個人說出「不」字時，他心裡同時也潛伏著這份意念，而使他所有的器官、腺體、神經、肌肉完全結集起來，形成一個拒絕的狀態。如果反過來說，當一個人回答「是」的時候，體內那些器官，沒有收縮動作的產生，組織是前進、接受、

開放的狀態。所以，當一次談話開始的時候，我們若能吸引出對方更多「是」的回答，會更容易為我們以後的建議，博得對方的注意。

得到這個「是」字的反應，本來是項極簡單的事情，可是卻常被人們所忽略了。人們好像一開口，就要反對他人的意見，似乎這樣就顯出他的突出和重要來。激烈的和守舊的人會談，很容易使另一方發怒。如果他們這樣做，只是為了感官上的快感，或許還情有可原，若是正要完成一件事，那就划不來了。

你的學生、顧客、丈夫或太太，如果一開口就是個「不」字，那你就算耗盡你的智能，運用極大的忍耐，也很難改變他們的意志。

運用這個「是，是」的方法，使紐約一家儲蓄銀行的出納員，拉住了一位闊氣的存戶。愛伯遜先生這樣說：「這人進來銀行存款，我按照我們銀行規定，把存款申請表格交給他填寫，有的他會馬上填寫，但有些他簡直拒絕回答。

如果這事發生在我尚未研究人類關係學之前，我就會告訴那位顧客，如果他不把表格填上，那我只有拒絕他的存款。我很慚愧，以往我都是這樣做的。自然，當我說出那些具有權威性的話後，自己會感到很自重、得意。

今天上午，我就運用了一點實用的知識，我決意不談銀行所要的，而談些顧客方面的需要。最主要的，我決定使他一開始就說「是，是！」的回答。因此我表示意見跟他完全一樣，他既不願填上表格，我也認為並不「十分」必要。

可是，我對那位顧客這樣說：『若是你去世後，你有錢存在這個銀行，你可願意讓銀行把存款轉交給你最親密的人？』

那客人馬上回答說：『當然願意。』

我接著說：『那麼你就依照我們的辦法去做如何？你把你最親近的親屬的姓名、情況，填在這份表格上，假若你不幸去世，我們立即把這筆錢移交給他。』

那位顧客又說：『是，是的。』

那顧客態度軟化的原因，是他已知道填寫這份表格完全是為他打算。他離開銀行前，不但把所有情形填上表格，而且還接受了我的建議，用了他母親的名義，開了個信託帳戶，有關他母親的情形，也按照表格詳細填上。

我發覺使他一開始就說「是，是。」他便忘了爭執之點，並且很愉快的依我的建議去做。」

西屋公司推銷員的經驗

　　西屋公司推銷員艾力遜，說出他的一段故事：「在我負責的推銷區域中，住著一位有錢的大企業家。我們公司極想賣他一批貨物，過去那位推銷員幾乎花了十年的時間，卻始終沒有談成一筆交易。我接管這一地區後，花了三年時間去兜攬他的生意，可是，也沒有什麼結果。經過十三年不斷的訪問和會談後，對方只買了幾台發動機，可是我這樣的希望——如果這次買賣做成，發動機沒有毛病，以後他會買我幾百台發動機。

　　「發動機會不會發生故障、毛病？我知道這些發動機，不會有任何故障、毛病的。過了些時候，我去拜訪他。

　　「我原來心裡很高興，可是這份高興似乎是太早了，裡面那位負責的工程師見到我就說：『愛力遜，我們不能再多買你的發動的了。』

　　「我心頭一震，立即問：『為了什麼原因？』

　　「那位工程師說：『你賣給我們的發動機太熱，我不能將手放在上面。』

　　「我知道如果跟他爭辯，不會有任何好處的，過去就有這樣的情形。現在，我想運用如何讓他說出『是』字的辦法。

「我向那位工程師說：『史密司先生，你所說的我完全同意，如果那發動機發熱過高，我希望你就別買了。你所需要的發動機，當然不希望它的熱度，超出電工協會所定的標準，是不是？』

「他完全同意。我獲得他第一個『是』字。

「我又說：『電工協會規定，一架標準的發動機，可以較室內溫度高出華氏 72 度，是不是？』他同意這個見解，說：『是的，可是你的發動機卻比這溫度高。』

「我沒和他爭辯，我只問：『工廠溫度是多少？』

「他想了想，說：『嗯——大約華氏 75 度左右。』

「我說：『這就是了，工廠溫度 75 度，再加上應有的 72 度，一共是 147 度。如果你把手放進 147 度的熱水裡，是不是會把手燙傷？』

「他還是說『是』。

「我向他作這樣一個建議，說：『史密司先生，你別用手碰那架發動機，那不就行了！

「他接受了這個建議，說：『我想你說的對。』我們談了一陣後，他把秘書叫來，為下個月訂了差不多三萬多元的貨物。」

蘇格拉底的秘密

　　希臘大哲學家蘇格拉底，是個風趣的老孩子，他一向光腳不穿鞋，而且長得不怎麼樣，40 歲時已禿頂。可是，他卻跟一個 19 歲的女孩子結了婚。他對世人的貢獻，有史以來能跟他相比的不多。他改變了人們思維的途徑，直到今天，還被尊為歷來最能影響這個紛擾世界的勸導者之一。

　　他運用了什麼方法？他曾指責別人的過錯？

　　不，蘇格拉底決不這樣做。

　　他的處世技巧，現在被稱為「蘇格拉底辯論法」，就是以「是，是，」作為他唯一的反應觀點。他問的問題，都是他的反對者所願意接受而同意的。他連續不斷地獲得對方的同意、承認，到最後，使反對者在不知不覺中，接受了在數分鐘前，他還堅決否認的結論。

　　下次當我們要指出人們的錯誤時，我們要記住赤足的蘇格拉底，並且問一個——能夠獲得對方「是，是，」反應的和緩問題。

　　中國人有一句格言，充滿了東方悠久的智慧。

　　那句格言是：「輕履者行遠。」

　　他們花了五千年漫長的時間，去研究人類的天性，那些有學問的

中國人，他們儲積了許多聰明的言語，就像「輕履者行遠」那句話。
（編按・「輕履者行遠」，依字面是說穿輕便鞋子的人，能走得更
遠。其實它的另一意義是：凡事能夠深思熟慮的人，考慮事情會更長
遠、也會更周全。）

　　如果你要獲得人們對你的同意。第五項規則是：

　　使對方很快地回答「是！是！」

何妨讓抱怨者有更多的發揮

　　很多人，當需要人們贊同他們的意見時，就是會把話說得太滿。尤其是推銷員，更容易犯這個毛病。你應該讓對方盡量說出他的意見來，他對於自己的事，或是他的問題，當然要比任何人知道得多。所以你應該問他問題，讓他來告訴你一些事。

　　如果你不同意他的話，你或許會立刻插嘴，但不要這樣，那是危險的。當他還有很多意見要發表時，他不會注意到你身上的。所以，你必須要說服自己懷著舒暢的心情，靜靜地聽著，而且用最誠懇的態度鼓舞他，讓他把所要說的話，完全說完。這種策略，用在商場上是不是有效？有一個人，他不得不作這樣的嘗試。

　　幾年前，美國一家大型汽車公司，正在接洽採購一年中所需要的座墊布。當時有三家廠商把樣品送去備選，這家汽車公司的高級職員驗看後，便和三家廠商約定某日各派一位代表前來商談，到時再決定選購哪一家廠商的東西。

　　齊勃是他們其中一家廠商的代表，就在那一天，他偏偏患了嚴重的喉炎。齊勃先生在我的講習班中，說出他當時的情形：「當輪到我去見汽車公司那些高級職員時，我竟啞了嗓子，幾乎連一點聲音也發

不出來。我被帶進一間辦公室，跟裡面的紡織工程師、採購經理、推銷主任和那家汽車公司的總經理都見了面。當我站起來想要說話時，只能發出沙啞的聲音來。

「他們是圍繞一張桌子坐著的，我喉嚨發不出聲音，只有用筆把話寫在紙上：『諸位先生，我嗓子啞了，無法說出話來。』

「那位總經理說：『好吧，讓我來替你說說看了！』這位總經理真的替我說話了。他把我的樣品一件件展開，並稱贊這些樣品的優點。他們就這樣開始了討論。由於那位總經理替我說話，所以在他們討論的時候，他自然地幫著我。當時我只能點頭笑笑，或是用手勢來表達我的意思。

「這個奇特的會議討論結果，我獲得了這個訂貨合約，這家汽車公司向我訂購了 50 萬碼的座墊布，總價是 160 萬美元。這是我目前所經手過的，一份最大的訂貨單。

「我知道，若不是我喉嚨嘶啞，說不出聲音，我會失去那份訂貨合約，因為我對整個事件有錯誤的觀念。這次我無意中發現，原來讓別人講話，有時是很值得的。」

　　費城電氣公司的羅勃，也有過同樣的發現。羅勃先生正在賓夕法尼亞一個富庶的荷蘭農民區作視察訪問。

　　他經過一戶整潔的農家時，問該區的代表：「這些人為什麼不愛用電？」

　　那代表很煩惱地說：「他們都是些守財奴，你絕不可能賣給他們任何東西。而且他們對電氣公司很討厭，我已經跟他們談過，毫無希望。」

　　羅勃相信區代表所說的都是真的，可是他願意再嘗試一次。他輕敲這農家的門──門開了個小縫，年老的特根保太太，探頭出來看。

　　羅勃先生說出當時的經過情形：「這位老太太看到是電氣公司代表，很快地把門關上。我又上前敲門，她再度把門打開，這次她告訴我們，她對我們公司的看法。

　　「我向她說：『特根保太太，我很抱歉打擾了你，我不是來向你推銷電氣的，我只是想買些雞蛋。』

　　「她把門開得大了些，探頭出來懷疑地望著我們。我說：『我看你養的都是多米尼克雞，所以我想買一打新鮮的雞蛋。』

　　「她把門又拉開了些，說：『你怎麼知道我養的是多米尼克

雞？』她似乎感到好奇起來。我說：『我自己也養雞，可是從沒有見到過，比這裡更好的多米尼克雞。』

「這位特根保太太，不禁懷疑地問：『那麼你為什麼不用你自己的雞蛋？』

「我回答她說：『因為我養的是來亨雞，下的是白蛋——你是會烹調的，自然知道做蛋糕時，白雞蛋不如棕色的好。我太太對她做蛋糕的技術，總感到很自豪。』

「這時，特根保太太才放膽走了出來，態度也溫和了許多。同時我看到院子裡，有座很好的牛奶棚。

「我接著說：『特根保太太，我可以打賭，你養雞賺來的錢，比你丈夫那座牛奶棚賺的錢多。』

「她聽得高興極了，當然是她賺得多！她很高興我講到這點，可是她卻不能使她那個頑固的丈夫承認這件事。

「她請我們去參觀她的雞房，在參觀的時候，我真誠地稱贊她養雞的技術，還找了很多問題問她，並且請她指教。同時，我們交換了很多的經驗。

「這位特根保老太太，突然談到另外一件事上，她說這裡幾位鄰

居，在她們雞房裡都裝置電燈，據她們表示效果很好。她徵求我的意見，如果她用電的話，是不是划得來。兩星期後，特根保老太太的雞房裡，多米尼克雞在電燈的光亮下，跳著叫著。我做成這筆交易，她得到更多的雞蛋，雙方皆大歡喜，都有利益。

「但這是這故事的重點——如果我不投其所好，我永遠無法將電器賣給這位荷蘭農婦。

「這種人決不能叫她買，而必須要讓她自己來買。」

所以，你要獲得對方對你的同意。第六項規則是：
盡量讓對方有多說話的機會。

第五章

贏得友誼的智慧

洛克菲勒「化敵為友」的智慧

那是一九一五年的事，洛克菲勒在科羅拉多州聲名狼藉，受到人們極度的輕視。那次是美國工業史上流血最多的工潮，震驚了這一州有兩年之久。

那些憤怒的礦工要求科羅拉多州煤鐵公司提高工資，而那家煤鐵公司就是洛克菲勒所負責的。那時房產遭礦工所毀，最後不得已調動軍隊前來鎮壓。流血事件接連發生，礦工死傷在槍口下的很多。

就在那個時候，仇恨的氣氛繚繞在每一角落，可是洛克菲勒卻要獲得那些礦工的諒解，而他是真的做到了。他如何完成這件事的？所有經過的情形是這樣的：

洛克菲勒費了幾個星期的時間去結交朋友，然後他對工人代表們演說。這一篇演講稿，是他成功的傑作，它產生了驚人的效果，把工人們的憤怒，完全平息下來。他的這篇演說，獲得很多人的讚賞。在這篇演講中，他表現出了極友善的態度，使那些罷工的礦工，一個個都回去工作。其中最重要的一件事，就是加薪的問題，可是這些工人們，卻沒有在這件事上提到一個字。

這裡就是這篇著名的演講稿，你必須注意它在語句間流露出來的友善精神。

別忘記，洛克菲勒這篇演講，是說給幾天前還想要把他的脖子吊在酸蘋果樹上的人聽的。可是他所說的話，比醫生、傳道者更和藹可親而且非常地謙遜。

在他這篇演講中，他運用了這樣的語句：……能來這裡，我感到很榮幸……我去拜訪過你們的家庭……見到你們的太太和孩子們……我們在這裡見面，就像朋友一樣，並不生疏……我們彼此有友好互助的精神……為著我們大家將來的利益……承蒙你們的厚愛，我才能到這裡來。

洛克菲勒開始就說：「這是我一生中最值得紀念的一天，這是我第一次有這樣的榮幸，和公司方面勞工代表、職員及督察們會聚在一起，像這樣的聚會，使我畢生難忘，使我感到榮幸。如果在兩個星期前舉行這個聚會，我站在這裡簡直就是個陌生人，即使有認識的，在你們中間也不多。

「前些日子，我有機會去南煤區的住所，跟各位代表作一次個別的談話，拜訪你們的家庭，見到你們的太太和孩子們，所以今天我們在這裡見面，都是朋友，而不是陌生人了。在我們這種友好、互助的

精神下，我很高興有這樣的機會，跟你們討論有關我們將來共同利益的事。

「這次的聚會，包括了公司的職員和勞工代表，我能來這裡，都是承蒙你們的厚愛，因為我不是公司的職員，也不是勞工代表。可是我覺得，我和你們之間的關係是非常密切的，因為我是代表股東和董事方面的。」

像這樣的一篇演講，怎麼不會是讓仇敵變成朋友的一個最生動的例子？

如果洛克菲勒用了另外一種方法，他和那些礦工們，展開一次辯論，就在他們面前，用可怕的事實痛責、威脅他們，同時指出他們所犯的錯誤，這個結果又將是如何呢？那一定會激起更多的憤怒，更多的仇恨。那些礦工們會有更多的反抗。

如果有這樣一個人，他心中已對你有成見、惡感，你就是找出所有的邏輯、理由來，也不能使他接受你的意見。如果用強迫的手段，更不能使他接受你的意見，向你屈服，但是我們如果用和善的友誼，溫和的言語，我們可以引導他同意。

如果你在盛怒下，對人發了一陣脾氣，在你來講，固然發洩了心頭的氣憤，可是那個人又會如何呢？他能分享你的輕鬆和快樂？你那挑戰的口氣，仇視的態度，他受得了？

　　威爾遜總統這樣說過：「如果你握緊了兩個拳頭來找我，我可以告訴你，我的拳頭會握得更緊。」

　　你來我這裡，若是這樣說：「讓我們坐下一起商量，如果我們之間意見不同，我們不妨想想看原因到底是什麼，主要的癥結是什麼。我們不久就可看出，彼此的意見相距並不很遠，不同的地方很少，而相同的地方卻很多。也就是說只要忍耐，加上彼此的誠意，我們就可以更接近了。」

讓對方覺得這是他的主張

　　你對你自己所發現的意念，是不是比別人代你說出的更信得過？如果是的話，你把你的意見，硬生生塞進別人喉嚨裡，這是不是錯誤的觀念？如果提出意見，啟發別人自己去得到他的結論，這不是一個更聰明的辦法嗎？

　　這裡有一個例子：費城有位賽爾滋先生，是我講習班一位學員，他突然覺得必須給一群意志渙散而失望的汽車推銷員，灌輸些熱情和信心。他召開一次推銷員會議，慫恿他的員工們告訴他，希望從他身上得到些什麼。他在會議中，把員工們所提出的意見，都寫在黑板上。然後他說：

　　「我可以給你們所希望得到的，可是希望你們告訴我，我在你們身上，能獲得些什麼？」他很快有了滿意的答案，那是忠心、誠實、樂觀、進取、合作，每天 8 小時的熱忱工作。其中有人甚至願意每天工作 14 小時。

　　這次會議的結果，使員工們充滿了新的勇氣、新的熱情。賽爾滋先生告訴我：「目前銷貨激增，公司業務蒸蒸日上。」

　　賽爾滋先生說：「我和他們作了一次精神上的交易。我對他們盡我所能，所以他們也盡了最大的力量。跟他們商談他們的需要，那是

他們極願意接受的。」

　　現在有這樣一個例子：以威爾遜先生的情形來說，在他尚未參加我這個講習班，研究人際關係學之前，他損失了無數他應該獲得的佣金。威爾遜是一家服裝圖樣設計公司的推銷員，他幾乎每星期都去找紐約某位著名的設計師，這樣已經有三年的時間了。威爾遜說：「他從來沒有拒絕接見我，可是也從沒有買過我的圖樣，他每次都用心地看我的圖樣，然後這樣說：『不，威爾遜先生，我想今天我們還是不能合作。』」

　　經過 150 次的失敗後，威爾遜覺得自己必是神志不清，所以他決定每星期利用一個晚上的時間去研究如何影響人的行為以及如何開展新的意念，產生新的熱誠。

　　不久，他決定重新嘗試一種方法。他拿了幾張那些設計家們尚未完成的圖樣，走進那位買主的辦公室。威爾遜向那買主說：「我想請你幫我一點忙……這裡有幾張尚未設計完成的圖樣，請你告訴我，如何把它完成後，才能適合你的需要？」

　　這位買主把圖樣看了半晌，沒有任何表示，頓了頓才說：「威爾

遜，你把圖樣放有這裡，過幾天再來找我。」

　　一天之後，威爾遜又去他那裡，聽了建議後，把圖樣拿回去，按照那位買主的意思改完再送過去。

　　這筆交易結果如何？不用說這位買主完全接受了。

　　那是九個月以前的事，自從那筆生意完成後，這位買主又訂了十張圖樣，都完全是照著他的意思改的，就這樣他賺了一千六百多元的酬勞。

　　威爾遜說：「現在我才知道過去失敗的原因……我總是強迫他買我認為他需要的畫。可是現在我所做的，跟過去完全不一樣了。我請他提供他自己的意見，使他覺得那些圖樣是他自己設計的。現在不用我要求他買，他自己會來向我買。」

羅斯福的用人智慧

當羅斯福擔任紐約州長的時候，他取得了一項特殊的功績……他和政黨重要人物相處得很好，使他們同意原來他們所反對的案件。我們且看他是怎麼做到的……

當有重要職位需要補缺時，他就請那些政黨要人推荐。羅斯福說：「起初他們推薦的，是黨內並不受到歡迎的人。我就跟他們說，如果要使政治有滿意的表現，你們推薦這個人並不適合，同時也會受到民眾的反對。

後來，他們又推選了一個人出來，那人看來雖然並沒有可批評的地方，可是也沒有令人讚佩的優點。我就告訴他們，任用這樣的人，會有負公眾的期望，所以請他們再推選出一個更適合這職位的人。

他們第三次推薦的人，看來是差不多了，可還不十分理想。

於是，我對他們表示感謝之意，讓他們再試一次。第四次他們所推薦的，正是我所需要的人，而對他們的協助，表示感激之後，我就任用了這個人。而且，我還使他們享有任命此人的名義。……趁此機會，我就對他們說，我已經做了使他們愉快的事，現在輪到他們順從我的意見，做幾件事了。

我相信那些黨政首要們，也樂意這樣做，因為他們贊助了政府重

大的改革，諸如選舉權、稅法及市公務法案等。」

記住，羅斯福凡事都很費事地去徵求別人的意見，且對他們的建議表示尊重……當羅斯福委派重要職司時，他使那些黨政首要們真實地感覺到，這是他們所挑選的人，這是他們的意見。

長島有一位汽車商用了同樣的方法，把一輛舊汽車賣給了一對蘇格蘭夫婦。過去這位汽車商，把汽車一輛又一輛的給那蘇格蘭人看，他們總是認為有毛病，不是嫌這輛不合適，就是那輛什麼地方有了損壞，再不就是價錢太高。當時這位汽車商正在我講習班上聽講，便在班上申請援助。

我們建議他，別強迫那種意志不穩定的人買你的汽車，要讓他自己來買，也不必告訴他要買那一種牌子的汽車。總之，要讓他覺得這是他自己的意思。

結果情形很好……這樣過了幾天後，有一位顧客想把他的舊汽車換一輛新的，那汽車商就想到那個蘇格蘭人，也許他喜歡這舊式的汽車。他打了個電話，給那個蘇格蘭人，說是有個問題想請教他。

那蘇格蘭人接到他電話就來了，汽車商說：「我知道你對於購買

東西很內行……你看這部舊汽車可以值多少錢，你告訴我後，我可以在交換新車時，有個準確的資料。」

那蘇格蘭人聽到這些話後，滿面笑容……終於有人向他請教，有人看得起他了。他坐進車內，駕著這部車子兜了一圈，回來後說：這部車子，如果你能以 300 元買進，那算是你撿到便宜了。

汽車商問他：「如果我以你說的數目買進這部車子，再轉手賣給你要不要？」300 元？當然，這是他的意思、他的估價，這筆生意立刻就成交了。

「這點子是你出的！」

當威爾遜在白宮時，郝斯上校對內政和外交有很大的影響。威爾遜總統請教郝斯上校，所有重要的事都跟他商量，他受到威爾遜總統的重視，還在內閣成員之上。

郝斯上校用了什麼方法，而能影響威爾遜總統到這種程度？郝斯上校在一次偶然的機會中曾對司密斯透露過，而司密斯在星期六晚報中的一篇文章上引用了郝斯的話。

郝斯曾經這樣說：「我認識了總統以後，漸漸地發覺，使他相信一種意念最好的辦法，就是不經心的將這意念移植到他的心裡，使他感興趣，並且讓他自己去思索。這種方法第一次發生效果，是因為一件令人感到意外的事。我曾去白宮拜訪他，勸他採取一項政策，而這項政策，他似乎並不十分贊同。數天後，在一次聚會中，我很驚訝地發現威爾遜總統說出我那項建議來，並且表示那是他自己的意思。」

我們要記住，我們明天所要接觸的人，也許就像威爾遜總統那樣，所以我們要用郝斯上校的方法——就是「這點子是你出的！」

數年前，紐勃倫司維克有一個人，就用了這個方法，而得到了我的光顧。那時，我計劃去紐勃倫司維克釣魚、划船。我寫信給旅行

社，打聽那方面的情形，順便請他們替我安排。

　　顯然，我的姓名、住址，已被列入一份公開的名單中，所以我立刻就接到該地野營和向導所寫給我的信件、小冊子等。那時我不知道該選擇哪一家才好。後來，有一位野營主任，做了一樁很靈巧的事。他送給我幾個他曾經招待過的，住在紐約的人士的姓名和電話號碼。他請我打電話給他們，自己去調查他在野營時所服務和供給的情形。

　　我很驚訝地發覺到這項名單中，有我所認識的一個人。我就打了個電話給他，打聽他那次野營的經過情形。我有了答案後，再打電話給那位野營主任，告訴他，我的行程日期。

　　雖然別家的野營主任都以真誠的態度希望我光顧他們，可是只有那位野營主任，我甘心接受他的服務。

　　所以，你要影響別人而使人同意你。第七項規則是：
　　使對方以為這是他的主張。

一個創造奇蹟的公式

我們要記住，當對方並不承認有錯誤時，你別斥責他是錯誤的。在這種情形下，可能只有愚蠢的人，才會去責備人家，聰明的人決不會如此，他會試著去了解對方，去原諒對方。

為什麼這個人有那樣的思想和行動，一定有他的理由。

我們探求出那個隱藏著的理由來，對他的行動、人格，就可以很清楚地了解了。

你把自己處在他的情況下，你這樣對自己說：「如果我處在他的困難中，我將有什麼樣的感受，又作如何的反應？」你有了這樣的想法，可以省去許多時間和煩惱。由於你已知道了那個起因，就不會憎厭這個結果了。此外，你可以增加許多人際關係上的技巧。

古德在他的一部《如何將人變成黃金》一書上說過說：「停下一分鐘……把你對你自己的事的關心程度，和對於他人的淡然漠視，冷靜地作一個比較，你就會知道，世界上其他的人也都是如此的。然後，你可以跟林肯、羅斯福一樣，把握住任何事業的穩固基礎。也就是說，應付人的成功，靠同情地了解別人的觀點。」

多年來，我常在離家不遠的一座公園裡散步、騎馬，作我大部分時間的消遣。所以，自然地漸漸對樹木有了愛護之心，當我聽到火燒樹林的消息，心裡會感到非常難受。這些火，不是由於粗心的吸煙者的不小心，而多半是孩子們來林間生火做野餐所造成的。有時候樹林起火，燒得很厲害，需要消防隊來才能撲滅。

　　在公園的邊上，有一個布告牌這樣寫著——凡引起樹林火災的禍首，將受到罰款或監禁的處罰。可是那塊布告牌，立在很偏僻的地方，很少有人會看到。

　　有一位騎馬的警察，似乎是負責管理這公園的，由於他對職務並不認真，所以公園裡經常會起火。

　　有一次，我急急地去警察那邊，告訴他有火正在急速地蔓延，要他馬上通知消防隊。可是他的反應，卻是極冷淡。他說那不是他的事，因為不是他的管區。自那次以後，我每逢騎著馬來公園，便自己執行保護公園的職責。

　　起初，我從未想到孩子們的觀點，當我看到他們在樹下生火做野餐時，心裡就非常不高興，立刻想要做些應該做的事。其實，我做錯了！我就即騎馬去那些孩子們那邊，告訴他們，樹下生火是要被拘禁

關起來的，我以嚴肅的口氣，要他們把火熄了。我還這樣跟他們講，如果不聽，我馬上要把他們抓走——那只在發泄我的情感，並沒有想到他們的見解。

結果如何呢？

那些孩子們雖然遵從了，可是心裡並不服氣，當我騎著馬離開後，他們又生起火來，甚至還想把整個公園燒掉。

幾年後，我開始覺得自己應該多學些待人的技巧，學學各種與人相處的手腕，常從別人的觀點去看事物。於是，我不再命令人家。如果幾年後的現在，我在公園裡看到孩子們玩火的情形，我會這樣說：

「小朋友，你們玩得高興嗎？你們的晚餐打算做些什麼？我在小的時候，也喜歡生火野餐，現在想起來還覺得蠻有意思的。可是你們要知道，在公園裡生火，那是很危險的，不過我知道你們都是好孩子，不會惹出什麼麻煩的。

「可是別的孩子們，我相信就不會像你們這樣小心了。他們看到你們在生火玩著，也跟著玩起火來，回家的時候沒有把火熄滅，就很容易把乾燥的樹葉燒著，結果連樹也燒了。假如我們再不小心，好好

的愛護樹木，這個公園就沒有樹了。

「你們知不知道公園裡玩火是禁止的，要坐牢的。但我不是干涉你們的遊戲，我希望你們玩得很高興。只是你們最好別把火靠近乾的樹葉，同時你們回家時，別忘了在火堆上蓋些泥土。如果你們下次再想玩時，我建議你們去那邊沙堆上生火，好不好？那裡就不會有危險，小朋友，謝謝你們，希望你們玩得很快樂。」

如果我說出那些話來，相信會有驚人的效果，而且那些孩子們會很樂意跟我合作。他們沒有反感，沒有抱怨，他們不會感到有人強制他們服從命令。他們保全了他們的面子。那時他們覺得滿意，我也覺得滿意，因為我考慮到他們的觀點，來處理這件事情。

當我們希望別人完成一件事的時候，不妨閉上眼睛，稍微想一想……把整個的情形，由對方的出發點來想一想！然後問自己：「他為什麼要如此做？」是的，那是麻煩的，費時間的。可是，那樣做會獲得更多的友誼，會減少原來該有的摩擦和那些不愉快的氣氛。

哈佛大學商學院院長陶海姆說：「當我要跟一個人會談前，我願

意在那人辦公室外面走廊上，來回走上兩小時⋯⋯那是我要把我所說的話，想得更有條理，以及我代他設想他會如何的回答⋯⋯我不會貿然闖進他的辦公室。」

當你看過這本書後，能增加你一種趨向，那就是當你接觸到每一件事時，會處處替別人著想，而且以對方的觀點，去觀察這件事情。雖然由本書你只得到這些，但它會影響到你終身事業的成就。

所以，你如果要獲得人們對你的同意。第八項規則是：
要真誠以他人的觀點去看事情。

《小婦人》的作者

你是不是願意得到一句奇妙的語句——一個可以停止爭辯，消除怨恨，製造好感，使人們注意地聽你談話的語句？

是的，就有這樣一句話，讓我告訴你。你對人開始這樣說：「對你所感覺到的情形，我一點也不會責怪你，如果我是你的話，我也有同樣的感覺。」

就這樣一句簡單的話，世界上最狡猾、最固執的人，也會軟化下來。可是你必須極真誠地說出那些話來，假如你是對方的話，你當然有他同樣的感覺。讓我舉出卡邦的例子：就以匪首卡邦來說，假如你受遺傳的身體、性情、思想與卡邦完全相同，而你也處在他的位置，也有他的經歷，那你就會成為跟他一樣的人。因為那些便是使他淪為盜匪的原因。

有一次，我作播音演講，說到《小婦人》作者奧爾柯特女士。自然，我知道她是在麻州的康考特出生並成長，及著述她的不朽名作的。但我一時不小心，說我曾到紐哈芬的康考特拜訪過她的老家。假如我只說了一次紐哈芬，也許可以原諒，可是我接連的說了兩次（編按・紐哈芬是在康乃狄克州）。

隨後，有許多的信函、電報，紛紛寄來質問我、指責我，有的幾

乎是侮辱，就像一群野蜂似的，圍繞在我不能抵抗的頭上。其中有位老太太，生長在麻薩諸塞的康考特，當時她住在費城，對我發泄了她熾烈的盛怒。我看到她那封信時，對自己說：「感謝上帝，幸虧我沒有娶那樣的女人。」

我打算寫封信告訴她，雖然我弄錯了地名。可是她卻連一點禮節常識也不懂……當然，這是我對她最不客氣的批判。最後我還會撩起衣袖去告訴她，我對她的印象是多麼的惡劣……可是，我並沒有那樣做，我盡量約束自己，克制自己。我知道只有愚蠢的人，才會那樣做。

我不想同愚蠢的人一般見識，所以我決定要把她的仇視變成友善，我對自己說：「如果我是她的話，可能也會有同樣的感覺。」所以，我決定對她表示同情。後來我去費城的時候，打了個電話給這位老太太，當時談話內容，大概是這樣的……

我在電話裡說：「某夫人，幾個星期前，你寫了一封信給我，我多謝你！」電話中傳出她柔和、流利的聲音，問道：「你是哪一位，很抱歉，我聽不出聲音來？」

我對著手上話機說：「對你來講，我是一個你不認識的陌生人，

我叫戴爾・卡耐基。……在數星期前，你聽我電台廣播，指出我那樁無法寬恕的錯誤。把《小婦人》作者奧爾柯特女士生長地點弄錯，那是愚蠢的人才會弄錯的事……我為了這件事向你道歉，你化了時間，寫信指正我的錯誤，我同時也向你表示謝意。」

她在電話裡說：「我很抱歉，卡耐基先生，我那麼粗魯地向你發脾氣，要請你包涵、原諒才是。」

我堅持說：「不，不，不該由你道歉，該道歉的是我……即使是個小學生，也不會弄出像我那樣的錯誤來。那件事，第二個星期，我已在電台更正過了！現在我親自向你道歉。」

她說：「我生長在麻薩諸塞的康考特……二百年來，我的家庭在那裡一直很有聲望，我以我的家鄉為榮。當我聽你說奧爾柯特女士，是紐哈芬的人時，實在使我感到十分難過。可是那封信使我感到愧疚、不安。」

我對著手上的話機說：「我願意誠懇地告訴你，你的難過不及我的 1/10。我的錯誤，對那地方來講，並沒有損傷，可是對我自己卻有了傷害。像你這樣一位有身份、地位的人，是很難得給電台播音員寫信的。以後在我的播音演講中，如果再發現錯誤時，我希望你再寫

信給我。」

　　她在電話裡說：「你這種願意接受人家批評的態度，使人們願意接近你、喜歡你……我相信你是一個很好的人，我很願意認識你，接近你。」

　　從這次電話的內容看來，當我以她的觀點，對她表示同情和道歉時，我也同樣得到了她的同情和道歉。我對自己能控制得住激動的脾氣感到很滿意……以友善交換了對方所給的侮辱，這一點也使我感到滿意。由於使她喜歡我，我得到了更多的快樂。

塔夫特總統的道歉

　　凡位居白宮的要人，差不多都會遭遇到人際關係學中這類問題的困擾。塔夫特總統也不例外……他從經驗中，獲得這樣一個結論──同情是消解惡感最有效的藥物。在他一本《倫理中服務》的書裡，塔夫特舉了一個很有趣的例子，他講到如何使一個失望而有志氣的母親，平息心中的怒火。

　　塔夫特總統說：「住在華盛頓的一位太太，她丈夫在政界有相當的勢力。她纏著我快有兩個月的時間，要我替她的兒子安插一個職位。她還拜託了參議院中的幾位參議員，陪了她來我這裡，為她兒子職位的事說話。

　　「可是，那職位所需要的是技術人才。後來經有關的主管推薦，我委派了另外一個人，繼後我接到那母親的來信，指我忘掉了別人施予的恩惠，因為我拒絕使她成為一個愉快的太太。她的意思是說，只要我舉手之勞，就可以使她快樂，可是我就不肯這樣去做。她又說出，她曾經如何勸說她那一州的代表，贊助我一項重要法案，可是我對她卻如此沒有情義。

　　「當你接到這樣一封信的時候，第一件事，就是如個用嚴正的措辭，去對付一個不禮貌而魯莽的人，接著，或許你就動筆寫信了。

「可是，如果你是一個聰明的人，你會把這封信放進抽屜裡鎖起來，經過兩天後，再把這封信拿出來……像這類的信，遲上幾天寄出，也不會受到什麼影響。但當你兩天後再拿出這封信來看時，你就不會投入郵箱，那就是我所採取的途徑。

「在那之後，我坐下來盡力用最客氣的措辭寫了封信，告訴她，我知道一個做母親的，遇到這種事情時，會感到極大的失望。可是我坦率地告訴她，委任那樣一個職位，並非由我個人的好惡，而是需要找一個合適的技術人才，所以我接受了那主管的推薦。

「我表示希望她的兒子繼續在他原來的工作崗位上努力，以期將來有所成就。那封信使她息怒了，並且她寄了一封短信給我，對她上次那封信表示抱歉。

「但我所委任的那個人，短時內還不能來上班。這樣過了幾天，我又接到一封署名是她丈夫的來信，可是信上的筆跡，跟過去兩封信完全一樣。

「這封信上這樣告訴我，說他太太由於這件事，而患上神經衰弱，現在臥床不起，胃中或許已經長瘤了。為了恢復他妻子的健康，他要求我，能否把已委任的那個人的姓名，換上她兒子的姓名，以恢

復她的健康。

　　「我回了一封信給他，那是給她丈夫的……我希望他太太的病況診斷錯誤。而對他所遇到的情形，表示同情，可是要撤回已委派的人，那是不可能的。幾天後，那人也正式接任……就在我接到那信的第二天，我在白宮舉行了一個音樂會，最先到場向我和塔夫特夫人致敬的，就是這一對夫婦。」

人人都喜歡「高尚的動機」

　　銀行家摩根在他一篇分析的文稿中說：「人會做一件事，都有兩種理由存在，一種是好聽的，一種是真實的。」

　　人們會時常想到那個真實的理由，而我們都是自己內心的理想家，較喜歡想好聽的動機。所以要改變一個人的意志，需要激發他高尚的動機。那種方法用在商業上是否理想？讓我們來看看吧！

　　那是賓夕法尼亞州，某家房屋公司的一位弗利爾先生的例子：弗利爾有一個不滿意的房客，恫嚇要搬離他的公寓，但這房客的租約，尚有四個月才期滿，每個月的租金是 55 元，可是他卻聲稱立即就要搬，不管租約那回事。

　　弗利爾講出這經過的時候，他說：「那個房客已在這裡住了一個冬季。我知道如果他們搬走了的話，在這個秋季前，這房子是不容易租出去的。眼看 220 元就要從我口袋飛走了……真叫人焦急。

　　如果這件事發生在過去的話，我一定找那個房客，要他把租約重唸一遍……並向他指出，如果現在搬走，那四個月的租金，仍須全部付清。可是，這次我採取了另外一種辦法，我開始向他這樣說：『杜先生，我聽說你準備搬家，可是我不相信那是真的。我從多方面的經驗來推斷，我看出你是一位說話有信用的人，而且我可以跟自己打

賭，你就是這樣的一個人。』

　　這房客靜靜地聽著，沒有作特殊的表示，我接著又說：『現在，我的建議是這樣的，將你所決定的事，先暫時擱在一邊，你不妨再考慮一下。從今天起，到下個月一日應繳房租前，如果你還是決定要搬的話，我會答應你，接受你的要求……』

　　我把話頓了頓，再接著說：『那時，我將承認自己的推斷完全錯誤……不過，我還是相信，你是個講話有信用的人，會遵守自己所立的合約。因為，到底我們是人，還是猴子，那就在我們自己的選擇了。』果然不出我所料，到了下個月，這位先生自己來繳房租。他跟我說，這件事已跟他太太商量過，他們決定繼續住下去。他們的結論是，最光榮的事，莫過於履行租約。」

　　已故的諾斯克里夫爵士看到一份報上，刊登出一張他不願意刊登的相片，他就寫了一封信給那家報社的編輯。他那封信上沒有這樣說：「請勿再刊登我那張相片，我不喜歡那張相片。」他想激起高尚的動機，他知道每個人都敬愛自己的母親，所以他在那封信上，換上另外一種口氣說：「由於家母不喜歡那張相片，所以貴報以後請勿刊登出來。」

當約翰‧洛克菲勒要阻止攝影記者拍他孩子的相片時，他也激起一個高尚的動機。他不說：「我不希望孩子的相片刊登出來。」他知道每一個人的內心，都有不願意傷害孩子的潛在欲念。他換了個口氣說：「諸位，我相信你們之中有很多都是孩子們的爸爸，如果讓孩子們成了新聞人物，那並不是適宜的。」

柯迪斯本來是緬因州一個貧苦人家的孩子，後來成為《星期六晚報》和《婦女家庭雜誌》的負責人，賺了幾百萬元的錢。他創辦之初，不能像別家的報紙、雜誌一樣，付出高價買稿子。他沒有能力邀請國內第一流作家替他執筆撰稿，可是，他運用了人們高尚的動機。

例如，他會請《小婦人》名著的作家奧爾科特為她撰寫稿子，且當時是她聲望最高的時候。柯迪斯所使用的方法很特別！是一般人所沒有想到的……他簽了一張 100 元的支票，他不是把支票給奧爾科特，而是捐助給她最喜歡的一個慈善機構。

或許有人會懷疑地說：「以這種手法，用在諾斯克里夫、約翰‧洛克菲勒和富於同情心的小說家身上，或許會有效……可是，朋友！你這種方法，用在我要收帳的、那些不可理喻的人身上，是不是一樣有效？』

如果運用在商業上的話……

是的，這話很對，沒有一樣東西，能在任何情形下產生同樣的效果——沒有一樣東西，能在所有人身上都發揮效力。如果你滿意你現在所得到的結果，那又何必再改變呢？假如你認為不滿意的話，那就不妨試驗一下。

無論如何，我相信你會喜歡我從前一個學員湯姆斯，他所講的一個真實故事：

某一家汽車公司，有六個顧客拒付一筆修理費，他們並非不承認那個帳目，而是其中有些帳寫錯了。可是每一項租車或是修理的帳單上，都有他們的親筆簽字，所以公司認為這些帳是不會有錯的。

下面是那家汽車公司信用部職員，去索款時所採取的步驟，你看是不是會成功？

(1)他們拜訪每一位顧客，坦白地對他們說，是公司派來索取積欠的帳款的。

(2)他們很明確地表示，公司方面絕不會弄錯，所有的錯誤都該顧客負責。

(3)他們暗示，對於汽車方面的業務，顯然公司要比顧客內行得多。

(4)所以，就不需要作那些無謂的爭辯。

結果，他們爭論起來。採取這些方法，能使顧客們心甘情願付出錢來？你不妨自己從那問題上，去找出答案。

事情鬧到這種地步，那位汽車公司信用部主任，該派出一隊「法律人才」去應付才是，幸虧這件事給總經理知道了。這位總經理，查看那幾位欠帳主顧過去付帳的記錄，發現他們過去都是按時付款的。總經理發現這些資料後，相信錯處一定是出在公司方面——收帳的方法不對。所以，總經理把湯姆斯叫去，要他去收那些無法收到的「爛帳」。

這裡是湯姆斯先生，所採取的步驟——

湯姆斯自己這樣說：

「(1)我去拜訪每一位顧客，同樣我也去索取一筆積欠很久的帳……可是，我對這些隻字不提。我解釋，我是來調查一下公司對顧客的服務情況。

「(2)我明確地表示，在尚未聽完顧客所說的感想前，我不會發表任何意見。我告訴他們說，公司方面也不是絕對沒有錯誤的。

「(3)我告訴他們，我只是關心他們的汽車，而他們對自己的汽車，相信比誰都了解，所以在這個問題上，先聽從他們的意見。

「(4)我讓他們盡量發表他們的意見，我靜靜聽著，對他們表示十分的同情……當然，這也是他們所希望我如此的。

「最後，那些顧客似乎心情緩和下來，我要他們把這件事公平地想一想，當然我想激發他們高尚的動機，所以我這樣說：

「『首先我要你知道，我也覺得這件事的處置並不合適，你已受到我們公司上次派來的代表的困擾、激怒，並且給你帶來很多的不便。那是不應該發生的事，我感到很抱歉！我代表公司方面向你道歉。我聽了你剛才所講的話後，我不能不為你的忍耐和公平所感動。

『正是由於你的寬大胸襟，我才敢請你替我做點事情。這件事對你來講，會比任何人做得更好、更合適。同時，你也比別人更清楚這是我給你開的帳單，請你細細查看一下，什麼地方記錯了，就像你是我們公司的總經理在查帳一樣，我請你全權做主，你說怎麼樣就怎麼樣。』

「他有沒有把帳單看了？是的，當然他這樣做了，而且顯得十分高興看這些帳單的數目，由 150 元，到 400 元之間，款數大小不等。

但顧客占到便宜了嗎？是的，其中有一位顧客拒付這筆爭執款項一分錢。可是另外那五位顧客，都讓公司方面占到了帳款上的便宜。這裡是這件事最精彩的地方，在以後的兩年中，那幾位顧客都買了本公司的新汽車。」

湯姆斯先生說：「經驗告訴我，當你應付顧客不得要領時，最完善的辦法，是在你心裡要先有這樣一個觀點存在——你要當那位顧客是懇切、誠實、可靠的，且他是極願意付帳的。一旦使他相信那帳目是對的，他會毫不遲疑地樂意還債。也就是說，人們都是誠實的，而且願意履行他們該有的義務。

像這類情形，例外的很少。我相信，如果真有為難人的人，如果你使他感覺到，你認為他是那麼的誠實、公道、正直，大多數時候，他也會給你有像你所給他的同樣反應。」

所以，如果你要獲得人們對你的贊同的話。在一般情形上，遵守第十項規則，是一件很好的事，那是：

激發人們更高尚的動機。

商業上的奇招

那是數年前的事，《費城晚報》受到惡意的謠傳所攻擊。有人指那家晚報，廣告多於新聞，內容貧乏、缺少報導，這使讀者失去興趣而感到不滿，同時影響到該報的發行銷量。這家晚報立即採取措施，設法阻止這項惡意謠傳的渲染。

如何採取行動呢？

這裡就是他們所使用的方法：

這家晚報將一天中各項閱讀資料剪下來，再加以分類編成一本書，書名就叫《一天》。這部書竟有 307 頁，與一本價值 2 元的書頁數差不多，而該報只售 2 分錢。

這本書出版後，把《費城晚報》新聞資料豐富的事實具體的表現出來，這比用圖表、數字和空洞的空談更有趣、更清楚，並予人深刻的印象。

柯特和考夫曼所著的《商業上的表演術》一書中舉出很多例子，說明如何增加一家公司的營業數額。這部書中，引述一家電氣公司銷售冰箱的例子，為了證明冰箱在通電時毫無聲響，請買主在冰箱邊擦火柴，借著聽到擦火柴的聲音，而證明他們的冰箱沒有一絲聲音。洛巴克帽子公司的營業項目上寫著，有電影明星安蘇珊簽過名的帽子，

每項是 1.95 元。范爾巴把活動陳設窗停止後，丟掉了 80%的觀眾。一家玩具公司，用了米老鼠的商標，使他由破產轉為興隆。克萊斯勒汽車公司，在一輛汽車上放下幾頭大象，證明他們出品的汽車是相當堅固、結實的。

　　紐約大學的巴頓和伯西，分析 15000 個售貨訪問，他們寫了一部書叫《怎樣贏得一次辯論》。他們將其中的原則歸納成一篇演講稿，叫《售貨六原則》。接著再把這些原則，攝製成電影。將這部電影，在數百家大公司的營業部職員面前放映。他們還在各公共場所，舉行示範表演，指出售貨時的正確和錯誤的方法。

　　現在是表演的時代，只是敘述其中的原理，還不能有具體的效果。這種原理需要生動、活潑，需要使它更有趣、更戲劇化，所以必須用有效的「表演術」。電影和無線電的應用……你也應有像它們那種表演的本領……電影明星這樣做，無線電台這樣傳播，假如你想引起別人注意的話，你也應該這樣去做。

　　那些布置櫥窗的專門人才，他們知道戲劇化有驚人的力量。例如：有一家鼠藥製造商，為零售商布置了一個櫥窗，上面放了兩隻活老鼠，以證實他那種鼠藥的功效。果然，在這星期內所銷售出的鼠

藥，比平時的銷售量多出了 5 倍。

　　《美國周刊》的波恩頓要作一篇很長的市場報告。他的公司，為一家最著名的潤膚霜完成了一篇詳細的研究報告。別家潤膚霜製造廠商，降低價格，準備跟他們競爭⋯⋯這項事實，他必須要向該廠的主人說明。

　　波恩頓先生承認，第一次接洽算是失敗了。

　　他說：「第一次我進去，我覺得自己走錯了路，轉到那條無用的討論調查的方法那條路上⋯⋯他辯論，我也辯論，對方指我是錯誤的，可是我盡力替自己證明，我並沒有錯誤。

　　「最後，雖然我的理由占了優勢，自己也覺得很滿意，可是我的時間到了，會談完了，我仍然沒有取得效果。

　　「第二次，我沒有去理會那些數字和各項資料，我把事實用戲劇的手法表演出來。我進入他的辦公室時，他正忙著接電話。等他放下手裡的電話筒，我就打開一個手提箱，拿出 32 瓶潤膚霜，放到他桌上，他知道這些東西，都是同業的競爭品。

　　「每一個瓶子上，我都貼上一張紙條，上面寫出調查的結果，那

些紙條上，也簡明地寫上該項商品過去的情形。

　　「結果如何呢？這次不再有辯論了，反而發生了新奇的事情……他拿起一瓶又一瓶的潤膚霜來看簽上的說明。接著，友誼的談話展開了，我們極融洽地暢談，他問了若干其他的問題，而且也產生了濃厚的興趣。他本來只給我 10 分鐘談話的時間，可是 10 分鐘過了，接著是 20 分鐘，40 分鐘，快到一個鐘頭的時候，我們還在談……

　　「這次我所講的，跟上次一樣，可是這次我把事實戲劇化，並用了表演術，所得的結果，多麼的不同啊！」

　　所以，你要獲得人們對你的同意。第十一項規則是：
　　使你的意念戲劇化。

爭強好勝的心理作用

司華伯管理下的一家工廠，那位負責的廠長，無法使他管理的工人完成標準化的生產量。司華伯問那個廠長：「這到底是怎麼回事⋯⋯像你這樣一個能幹的人，竟不能使那些工人達到工廠預計的生產量？」

廠長回答說：「我也弄不清楚是怎麼回事⋯⋯我用溫和的話鼓勵他們，有時不得已去斥責他們，甚至於用降職、撤職來恐嚇他們，可是那些工人就是不肯辛勤工作。」

他們談話的時候，是日班快結束，夜班要開始之時。

司華伯向那廠長說：「你給我一支粉筆。」他拿了粉筆，走向近邊的工人處，問其中一名工人：「你們這班，今天完成了幾個單位？」那工人回答說：「6個。」

司華伯聽到這樣，一字不說，就在地上寫了一個大大的「6」字，便走了。

夜班的工人來接班，看到這個「6」字，就問是什麼意思。

日班的工人說：「大老闆剛才來這裡，他問我們今天做了幾個單位，我回答是6個，他就在地板上寫了這個「6」字。

第二天早晨，司華伯又去工廠，發現夜班工人已把「6」字拭

去，改寫上一個大大的「7」字。

這天，日班的工人，看到地上已換上一個「7」字。他們感到夜班工人的工作效力，比日班工人強。哦，真的？是的，那就行了……他們要比夜班工人有更好的工作表現，就熱心、勤快地加緊他們的工作。那天，日班快要下班時，他們留下個大得出奇的「10」字——情況也就這樣漸漸好轉過來了。

沒有多久，這家原來生產量落後的工廠，比其他任何一家工廠的生產量都多。

這是什麼原因？

就讓司華伯用他自己的話來解釋：「如果我們想要完成一件事，必須鼓勵競爭，那並不是說爭著去賺多少錢，而是要有一種勝過別人、比別人更出色的欲望。」

爭勝的欲望加上挑戰的心理，對一個有血氣的人來說，是一種最有效的激勵。

如果沒有這一種挑戰，羅斯福不會進白宮坐上總統的寶座。這位勇敢的騎士，剛從古巴回來，便被推舉為紐約州州長的候選人。可是

他的反對黨，指羅斯福已不是紐約州合法的居民，他知道這情形後，心理恐慌，就要準備退出。

　　黨魁伯拉德用了激將法，他轉身向羅斯福大聲地說：「難道二戰的英雄，竟是這樣一個弱者？」就這樣一句話，羅斯福才挺身跟反對黨對抗——後來種種的演變，歷史上都有詳細的記載。

　　這一個挑戰，不只改變了羅斯福他自己的一生，對美國的歷史來說，也產生了極大的影響。司華伯知道挑戰有極大的力量……伯拉德知道，史密斯也知道……

提出一個挑戰

　　鬼島西端，有一座惡名四揚的星星監獄。這座監獄沒有獄長，裡面凶狠的犯人惡言沸騰，隨時可能發生危險。史密斯需要一位堅毅、勇敢的人，去治理星星監獄。可是誰能勝任這個職位呢？他把紐波特的洛斯招來。

　　當洛斯站在他面前時，他愉快地說：「去照顧星星如何……那裡需要一個有經驗的人！」

　　洛斯感到很窘迫……他知道星星監獄的情形，那裡是如何的危險……那裡隨時會受到政治變化的影響。去那裡的獄長，一再地更換，從來沒有一個能夠做上三個星期的……他要考慮自己的終生事業……那值得冒險嗎？

　　史密斯見他獄疑不決的樣子，微笑著說：「年輕人，我不會怪你感到害怕……是的，那邊確實不是一個太平的地方，那是需要一個大人物、一個有才幹的人，才能勝任的工作。」

　　史密斯是不是下了一個挑戰？洛斯的心中馬上產生了一種想要嘗試去做需要一個「大人物」的工作的意念。

　　於是他去了，而且他在那裡很長久地幹下去。結果，他成為一個

最著名的星星監獄獄長。洛斯曾完成一部《星星兩萬年》的作品，這本書暢銷全國，還上過電台廣播，他的獄中生活的故事，被採用拍成好多部的電影。他對罪犯人道化的見解，後來造就了許多監獄改革的奇蹟。

菲司頓橡膠公司創辦人菲司頓曾經這樣說過說：「別以為用高額的薪金，就可以聚集人才替我工作。其實，只有競爭，才能發揮他們的工作效能。」

那是任何一個成功的人，都喜愛的競技。因為那是個表現他自己的機會，證明他的能力、價值勝過別人。所以造成了那些離奇古怪的競技比賽，就像：競走比賽、喚豬比賽、吃饅頭比賽等等。而這能滿足他們爭強的欲望，自重感的欲望。

所以，如果你要得到人們——那些精神飽滿的，有血氣的人同意於你。就必須記住第十二項規則，那是：

提出一個挑戰。

總之，獲取信服的十二種方法：

第一、在辯論中，獲得最大利益的唯一方法，就是避免辯論。

第二、尊重別人的意見，永遠別指責對方是錯的。

第三、如果你錯了，迅速、鄭重地承認下來。

第四、以友善的方法開始。

第五、使對方很快地回答「是！是！」。

第六、盡量讓對方有多說話的機會。

第七、使對方以為這是他的主張。

第八、要真誠地以他人的觀點去看事情。

第九、同情對方的意念和欲望。

第十、激發更高尚的動機。

第十一、使你的意念戲劇化。

第十二、提出一個挑戰。

第六章

改變對方的秘訣

不能也不要，馬上否定對方

柯立芝總統執政時，我朋友在一次周末應邀到白宮做客。當他走進總統私人辦公室時，正好聽到柯立芝在向他的一位女秘書說：「你今天穿的衣服很漂亮，真是位年輕漂亮的女孩子。」

平常沉默寡言的柯立芝總統，一生很少讚美別人，這次卻對他的女秘書說出那樣的話來，那位女秘書臉上頓時湧現出一層鮮艷的紅暈。總統接著又說：「別難為情，我剛才的話，是為使你感到高興，從現在起，我希望你對公文的標點上，要稍微注意一點。」

他對那位女秘書的方法雖然稍嫌明顯了些，可是所用的心理學原理卻很巧妙。當我們聽到別人對我們的稱讚後，如果再聽到其他不愉快的話，就比較容易接受了。

理髮師替人修面時，先敷上一層肥皂水——麥金利在 1856 年競選總統時所採用的方法，就運用了這項原理。

共和黨一位重要黨員絞盡腦汁，撰寫了一篇演講稿，他覺得自己寫得非常成功。他高興地在麥金利面前，先把這篇演講稿朗誦了一遍——他認為這是他的不巧之作。這篇演講稿雖然有可取之點，但並不盡善盡美，麥金利聽後感到並不合適，如果發表出去，可能會引起

一場批評風波。麥金利不願辜負他的一番熱忱，可是，他又不能不說
這個「不」字，現在，看他如何應付這個場面。

　　麥金利這樣說：「我的朋友，這真是一篇不同尋常，精彩絕倫的
演講稿，我相信再也不會有人比你寫得更好了。就許多場合來講，這
確實是一篇非常適用的演講稿，可是，如果在某種特殊的場合，是不
是也很適用呢？從你的立場來講，那是非常合適、慎重的；可是我必
須從黨的立場，來考慮這份演講稿的發表所產生的影響。現在你回家
去，按照我所特別提出的那幾點，再撰寫一篇，並送一份給我。」

　　他果然那樣做了，麥金利用藍筆把他的第二次草稿再加以修改，
結果那位黨員在那次競選活動中，成為最有力的助選員。

　　這裡是林肯所寫的第二封最著名的信件。林肯第一封最著名的信
件，是寫給畢克斯貝夫人的，為她 5 個兒子犧牲在戰場而表示哀悼。
林肯寫那封信，可能只花了 5 分鐘時間。可是，那封信在一九二六年
公開拍賣時，售價高達 12000 元，這個數目比林肯 50 年的積蓄還
多。

　　這封信，是林肯在一八六三年 4 月 26 日，內戰最黑暗的期間所

寫的。那時已是第 18 個月了——林肯的將領們，帶著聯軍屢遭慘敗，一切都只是無用的、愚蠢的人類大屠殺。那時人心惶惶，全國嘩然，數以千計的士兵，臨陣脫逃，甚至參議院裡的共和黨議員，也起了內訌。更令人注意的是，他們要強迫林肯離開白宮。

林肯這樣說：「我們現在已走到毀滅的邊緣——我似乎感覺到上帝也在反對我們，我看不到一絲希望的曙光。」

我摘錄出這封信的主要目的，是為了說出林肯如何設法改變一位固執的將領，原因是全國成敗的命運，就依托在這將領的身上。

這該是林肯任職總統後，寫信措辭最銳利最不客氣的一封信。但你仍可注意到，林肯在指出他嚴重的錯誤前，先稱贊了這位霍格將軍。是的，那些是他嚴重的錯誤，可是林肯並不作那樣的措辭。林肯落筆穩健，具有保守的外交手腕，他是這樣寫的：「有些事，我對你並不十分滿意。」他用機智的手腕，加上外交的詞匯。

你不是柯立芝，不是麥金利，更不是林肯，你想知道這種哲理在日常商業上，對你真的有用嗎？我們現在以費城畢克公司卡伍先生為例。卡伍先生就像你我一樣普通，他是我在費城所舉辦的一個講習班裡的學員。這是他在講習班裡演講過的一個故事。

畢克公司在費城承包建設一座辦公大廈，而且指定在某一天必須竣工。這項工程，每一件事進行得都非常順利，眼看這座建築物就快要完成了。突然，承包外面銅工裝飾的商人，說他不能如期交貨。什麼！整個建築工事都要停頓下來！不能如期完工，就要交付巨額的罰款！慘重的損失──僅僅是因為那個承包銅工裝飾的商人。

　　長途電話，激烈地爭辯，都沒有半點用處，於是卡伍被派往紐約，找那個人當面交涉。卡伍走進這位經理的辦公室，第一句話就這樣說：「你該知道，你的姓名在勃洛克林市中，是絕無僅有的？」這位經理聽到這話，感到驚訝、意外，他搖搖頭說：「不，我不知道。」卡伍說：「今晨我下了火車，查電話簿找你的地址，發現勃洛克林市裡，只有你一個人叫這個名字。」那經理說：「我從來沒有注意過。」於是他很感興趣地把電話簿拿來查看，果然一點也不錯，真有這回事。那經理很自豪地說：「是的，這是個不常見到的姓名，我的祖先原籍是荷蘭，搬來紐約已有兩百年了。」接著就談論他的祖先和家世的情形。

　　卡伍見他把這件事談完了，又找了個話題，讚美他擁有這樣一家規模龐大的工廠。卡伍說：「這是我所見過的銅器工廠中最整潔、完

善的一家。」

那經理說：「是的，我花去一生的精力經營這家工廠，我很引以為榮，你願意參觀我的工廠？」

參觀的時候，卡伍連連盛讚這工廠的組織系統，並且指出哪一方面要比別家工廠優良，同時也讚許幾種特殊的機器。這位經理告訴卡伍，那幾種機器是他自己發明的。他花了很長的時間，說明這些機器的使用方法和它們的特殊功能。他堅持請卡伍一起吃午餐！這一點你必須記住，直到現在，卡伍對於他這次的來意還隻字未提。

午餐後，那位經理說：「現在，言歸正傳。當然，我知道你來這裡的目的。可是想不到，我們見面後，會談得這樣的愉快。」他臉上帶著笑容，接著說：「你可以先回費城，我保證你的訂貨會準時運送到你們那裡，即使犧牲了別家生意，我也願意的。」

卡伍並沒有任何的要求，可是他的目的都很順利地達到了。那些材料全部如期運到，而那座建築也沒有受到任何影響而如期完成。

所以，不使對方難堪、反感，而改變一個人的意志，第一項規則是：用稱贊和真誠的欣賞作開始。

不會招來反感的批評

那是一天中午的時候，司華伯偶然走進他的一家鋼鐵廠，看到幾個工人在吸煙，而在那些工人頭頂牆上，正懸著一面「禁止吸煙」的牌子。司華伯是不是指著那面牌子，就向那些工人說：「你們是不是不識字？」不，沒有，司華伯絕不會這樣做。

他走到那些工人面前，拿出煙盒，給他們每人一支雪茄，並且說道：「嗨，弟兄們，別謝我給你們雪茄，如果你們能到外面吸煙，我就更高興了。」那些工人們，已知道自己犯了錯誤──可是他們欽佩司華伯，不但絲毫沒有責備他們，而且還給他們每人一支雪茄當禮物，使工人們覺得被尊重的高貴。像這樣的人，你能不喜歡他嗎？

范納梅克是費城一家很大的百貨公司的老闆，他也喜歡運用這樣的方法。范納梅克每天去他百貨公司一次。有一次，他看到一位女客人站在櫃台外面，等著買東西，可是就沒有人去招呼她。

哦，售貨嗎呢？他們都聚到櫃台遠處一角，在談著笑著。范納梅克一聲不響，悄悄走去櫃台裡端，他自己招呼那位女顧客。然後他把成交的貨物，交給售貨員去包裝，而他自己就走開了。

　　一八八七年 3 月 8 日，最善於布道的布道家皮卻牧師去世了。下一個星期日，愛保德牧師被邀登壇講道。他決定盡其所能，使這次講道有完美的表現，所以他事前寫了一篇講道的稿子，準備到時應用。他一再修改、潤色，才把那篇稿子完成，然後，讀給他太太聽。可是這篇講道的演講稿並不理想，就像普通演講稿一樣。

　　如果他太太沒有足夠的修養和見解，一定會向他這樣說：「愛保德，這篇演講稿糟透了，那絕不能用──如果你這樣講的話，聽的人一定會睡去，它讀起來就像百科全書一樣，你講道這麼多年，應當很明白。老天爺，你為什麼不像平常一樣講話，為什麼不自然一些？」

　　她當然可以向她丈夫這樣說！如果她這樣說，後果又會如何呢？

　　那位愛保德太太，相信她知道這回事，所以她巧妙地暗示她丈夫，如果把那篇講道演講稿拿到北平評論去發表，確實是一篇極好的文章。也就是說，她雖然讚美丈夫的傑作，同時卻又向丈夫巧妙地暗示，他這篇演講稿，並不適合講道時用。愛保德看出了他妻子的暗示，就把他那篇絞盡腦汁所完成的演講稿撕碎。他為什麼也不準備，就去講道了。

我們要勸阻一件事，一定要永遠躲開正面的批評。如果有這個必要的話，我們不妨旁敲側擊地去暗示對方。對人正面的批評，會毀損了他的自重，剝奪了他的自尊。如果你旁敲側擊，對方知道你用心良苦，他不但接受，而且還會感激你。

　　所以要改變人們的意志，而不引起對方的反感。第二項規則是：間接地指出人們的過錯。

不妨先批評自己的錯誤

　　數年前，我的姪女約瑟芬離開她堪薩斯城的家，到紐約來做我的秘書。約瑟芬 19 歲，三年前從一家中學畢業，僅有一點點辦事的經驗，現在她是一位很能幹的秘書了。

　　剛開始的時候，我看她實在有待改進。有一天，我想要批評她時，我先對自己這樣說：「慢著，且等一等，戴爾……你的年紀比約瑟芬大一倍，你處事的經驗也高過她一萬倍。你怎麼能希望她具有你的觀點，你的判斷力，你的見解呢？戴爾，在你 19 歲的時候，你做了些什麼？記得你那笨拙、愚蠢的錯誤嗎？」

　　真誠、公平地想過這些後，我發現約瑟芬比我當年要強多了。所以從此以後，當我提醒約瑟芬錯處時，我總是這樣說：

　　「約瑟芬，你犯了一點錯，可是老天爺知道，你並不比我所犯的錯誤更糟。你不是生下來就會判斷一件事的，那需要從經驗中得來。

　　「而且，你比我在你現在年紀的時候，要強多、乖多了。我自己犯過很多可笑的錯誤，我決不想批評你，或是其他任何人……可是，如果你照這樣去做，你想不是更聰明一點嗎？」

　　如果批評的人開始先謙虛地承認自己也不是十全十美的、無可指責的，然後再指出人們的錯誤，這樣就比較容易讓人接受了。

圓滑的布洛親王在 1909 年就已深切地感覺到利用這種方法的重要性。因為，當時德皇威廉二世在位，他目空一切，高傲自大，他建設陸軍、海軍，欲與全世界為敵。

於是，一件驚人的事情發生了！德皇說了一些令人難以置信的話，震撼整個歐洲，甚至影響到世界各地。最糟的是，德皇把這些可笑、自傲、荒謬的言論在他作客英國時，當著群眾發表出來了。他還允許《每日電訊》照原意在報上發表出來。

例如，他說他是唯一對英國感覺友善的德國人；他正在建造海軍以對付日本的危害。德皇威廉二世還表示，只有他一個人能使英國不致屈辱於法、俄兩國的威脅之下。他又說，英國洛伯特爵士在南非戰勝荷蘭人，都是出於他的計劃。

在這一百年來的和平時期，歐洲沒有一位國王會說出這樣驚人的話來⋯⋯那時歐洲各國的嘩然、騷動，蜂擁而來。英國非常憤怒⋯⋯而德國的那些政治家，更是為之震驚。

在這陣驚慌期中，德皇也漸漸感到事態嚴重而有些慌張了。他向布洛親王暗示，要他代為受過。是的，德皇要布洛親王宣稱那一切都是他的責任，是他建議德皇說出那些不可信的話來的。

可是，布洛親王作這樣的表示，他說：「但是陛下，恐怕德國人或是英國人，都不相信我會建議陛下說那些話的。」

布洛親王說出這話後立刻發覺自己犯了一個嚴重的錯誤。果然，激起德皇的憤怒。他咆哮地說：「你認為我是一頭笨驢，連你都不至於犯的錯誤而我做了出來。」

布洛親王知道應該先作某種的稱贊，然後才指出他的錯誤，可是為時已晚……他只有作第二步的努力：在批評後，再加以讚美。結果，立刻出現奇蹟——其實稱贊常是這樣的。

布洛親王恭敬地說：「陛下，我絕對不是含有那種意思，陛下在許多方面都遠勝過我，當然不只是在海軍的知識上，尤其是在自然科學方面。陛下每次談到風雨表、無線電報等科學學理時，我總替自己感到羞恥，感覺自己知道得太少了……

「我很慚愧，對於各門自然科學都不懂，化學、物理更是一竅不通，連極普通的自然現象，我也不能解釋。但略可抵補的是，我對於歷史知識方面，稍微知道一點，同時也有一點政治上的才能，尤其是外交上的才能。」

德皇臉上顯現出笑容來，那是布洛親王稱贊了他。布洛抬高了

他，貶低了自己。經布洛做這樣的解釋後，德皇寬恕了他，原諒了他。德皇熱忱地說：「我不是常跟你這樣講，你和我以彼此能相輔相成而著名……我們需要赤誠的合作，而且我們願意這樣做。」

他不只一次同布格握手，是很多很多次……那天下午，他緊緊握著布洛的手，說：「如果有人向我說布洛不好，我就用拳頭，打在他的鼻子上。」

布洛親王及時救了他自己！他雖然是個手腕靈活的外交家，可是他卻做錯了一件事。他開始應該談自己的短處，而指出德皇的長處……不能暗示德皇，是個智力不足的人，需要別人保護的人。

如果用幾句貶低自己，而稱讚對方的話，可以把盛怒中傲慢的德皇，變成一個非常熱誠的朋友。試想——謙遜和稱讚，在我們日常生活接觸中，能對我們產生什麼樣的效果？如我們用得適當，在人與人之間的關係上真能發生不可思議的奇蹟。

所以要改變一個人的意志，而不激起他的反感。第三項規則是：
在批評對方之前，不妨先談談你自己的錯誤。

沒有人喜歡接受命令

　　我最近很榮幸，能同美國名傳記作家泰白爾女士一起用餐。當我告訴她，我正在寫這本書的時候，我們開始討論到與人相處的重要問題。她告訴我，當她撰寫《楊歐文傳記》時，曾訪問過一位跟楊歐文先生同一辦公室三年的人。

　　〔編按・歐文・D・楊（1874-1962 年）是二次大戰的美國實業家、商人、律師和外交官，他以解決德國一次大戰賠償計劃以及創立美國無線電公司聞名。一九一九年創立了 RCA 通用電器子公司。〕

　　那人說，在這三年長的時間中，他從沒有聽到楊歐文向任何一個人，說出一句直接命令式的話語。楊歐文的措辭，始終是「建議」，而不是「命令」。

　　例如，楊歐文從沒有說過：「做這個，做那個。」或者是「別做這個，別做那個。」他平時對人的措辭是：「你不妨可以考慮一下。」或者是「你認為那個有效嗎？」

　　當他擬完一封信稿後，經常會這樣問：「你以為如何？」

　　當他看過助理寫的一封信後，他會這樣說：「或者我們這樣措辭，會比較好一點。」

　　他總是給人自己去做事的機會；他決不告訴他的助手應該怎樣去

做，而讓他們從錯誤中去學習經驗。

　　像楊歐文的那種方法，使人很容易改正他原來的錯誤。運用那種方法，他保護了對方的自尊，而且使那人有了自重感。那種方法，也很容易取得對方的真誠合作，而對方不會有任何的反抗，或是拒絕。

　　所以要改變一個人的意志，而不引起反感。第四項規則是：

　　發問時，別用直接的命令。

讓對方保住他的面子

　　數年前，美國奇異電氣公司遭遇到一樁很不容易應付的事，那就是他們打算撤去斯坦米滋的部長職位。

　　對於電學方面的學識，斯坦米滋可以算得上是位一等的人才。可是，他擔任了會計部的部長，卻等於廢物。由於斯坦米滋是電學方面不可多得的人才，而且又很敏感，使公司不敢得罪他。所以，公司特別給他一個新頭銜，請他擔任奇異公司顧問工程師，而另派他人，擔任那一部的部長職位。

　　斯坦米滋很高興！

　　奇異公司的主管人員，也很滿意。由於他們在平和的氣氛中，調動了一位有怪癖的高級職員──而他們之間，並沒有發生任何不愉快的事，因為他們讓斯坦米茲顧全了他的面子。

　　顧全到一個人的面子，那是多麼重要！可是我們之間，很少有人想到過。我們蹂躪別人的感情，不留一絲的餘地，找別人的錯處，或者加以恐嚇！當著別人面，批評他的孩子，或是他所雇用的佣工，毫不顧慮別人的自尊！

　　其實，我們只需要花幾分鐘的時間想一想，再說一兩句體恤的話，諒解到對方的觀點，就可以解除很多刺痛。

下次如果我們需要辭退佣人或是雇員時，應當記住這樣做。

現在我引述會計師格雷琪給我的一封信：「辭退雇員，不是一件有趣的事。被辭退的人，當然更不覺有趣可言了。我負責的業務，都是季節性的，所以每年的三月，我都需要辭退一批雇員。

「在我們這一行業中，有一句俗話——『沒有人願意掌管斧頭』。結果，就形成一種習慣，愈迅速解決愈好。在我解聘一位雇員時，總是這樣的說：『請坐，現在季節已過，我們似乎已沒有什麼工作給你做了。當然，我相信你事前也知道，我們只是在忙不過來的時候，才請你們來幫忙。』

「我所說的這些話，對這些人的影響，是一種失望，一種被人辭退的感覺。他們當中多數是終身在會計行業中討生活的。他們對這些草率辭退他們的機構，並不顯得特別的喜愛。

「最近，當我要辭退那些額外雇員時，就稍微用上一點手腕，我把每人在這一季中的工作成績細看過後，才召見他們。我對他們的談話是這樣的：

「『某某先生，你這一季的工作成績很好。前次，我派你到組瓦克城辦的那件事，的確很難，但是你卻辦得有聲有色，公司有你這樣

的人才，實在幸運。你很能幹，你的前途遠大，無論到什麼地方都會有人歡迎你的。公司很相信你，很感激你，希望你有空常來玩！』

「結果如何呢？這些被辭退的人，心情似乎舒服多了，他們不再覺得是受了委屈。他們知道以後如果這裡再有工作時，還會請他們來的。當我們第二季又請他們來時，他們對我們這家公司，更加有親切的感覺。」

已故的馬洛先生，有一種奇妙的才能，他專門勸解兩個水火不兼容的生死仇家……他是如何做的呢？你很仔細地找出雙方都有理的事實，對於這一點他加以讚許，直到雙方滿意為止。並且不論最後如何解決，他決不說任何一方有錯。

每個仲裁者都懂得讓人保全他們的面子。世界上真正偉大的人物，他們不會只注意自己某方面的成就。

經過數百年的敵對仇視，土耳其人在 1922 年，決定要把希臘人驅逐出境。

土耳其總統凱末爾沉痛地向士兵說：「你們的目的地就是地中

海。」就這樣一句話，一場現代史上最激烈的戰爭就開始了。這場戰爭的結果，土耳其獲勝，當希臘的兩位將軍鐵考彼斯和狄阿尼向凱末爾請降時，沿途受到上耳其民眾的辱罵。

可是，凱末爾並沒有以勝利者自居，顯現出一副驕傲的態度來。

他握著他們的手說：「兩位請坐，你們一定感到疲倦了！」凱末爾談過戰爭情況後，為了咸少他們心理上的苦痛，他說：「戰爭就像一場競技比賽，有時候高手也會遭遇到失敗的。」

凱末爾雖然獲得了光榮的勝利，可是他記住這項重要的規則，那是：顧全了對方的面子。

如何鼓勵人們成功

我很早就認識巴洛，他對狗、馬的性情很了解，他把他畢生的精力，都用在馬戲團和技術表演團上。我喜歡看他訓練新狗表演。我注意到，在那條狗動作上稍有進步時，巴洛會拍拍它，稱贊它，還給它肉吃。那不是什麼新鮮的事。訓練動物的人，幾世紀來都運用這樣的技巧。

我很奇怪，當我們想改變一個人的意志時，為什麼不用訓練狗那樣的技巧呢？我們為什麼不用肉來替代皮鞭呢？也就是說，為什麼不用稱贊來替代責備呢？即使只有稍微的進步，我們也要稱贊，這樣可以鼓勵別人繼續進步。

洛斯獄長發覺，即使對星星監獄裡的凶狠犯人，讚賞最微小的進步，也是有效的。我寫這本書的時候，接到洛斯獄長的一封，他信上這樣說：「我發覺對於犯人們的勤勞，如果加以適度的誇獎，要比嚴厲地懲罰、責備他們的過失，更能得到他們的合作，更能促進他們恢復人格。」

我從來沒有在星星監獄坐過牢——至少目前還沒有，可是我可以回想我過去的生活中，有若干時候因幾句讚美的話，而深深改變了我整個將來……你這一生中，是否也有過同樣的情形？歷史上有關稱贊

給人神奇力量的例證，真是不勝枚舉。

　　就有這樣一個例子：五十年前，有個 10 歲的孩子，在那波爾斯一家工廠裡做工，那孩子從小就懷著一個理想，希望將來成為一個歌唱家。可是，他的第一位老師就給了他一個打擊。那位老師說：「你不能唱歌，你的嗓子很壞，再也沒有比你發出來的聲音難聽的了。」

　　可是，那孩子的母親，一個貧苦的農家婦女，她摟著自己的孩子，稱贊他……她告訴自己的兒子，說他能唱歌，她已經看出他在進步了。母親光著腳去做工，為的是省下錢來給兒子付音樂班的學費。那位農家母親，鼓勵自己的兒子，稱贊自己的兒子，而終於改變了這孩子的一生。你也許曾聽過這孩子的名字，他就是當代的一位傑出歌王──卡羅素。

　　許多年前，倫敦有個年輕人，他渴望自己能成為一位作家。可是他所有的遭遇都事與願違，好像處處都跟他作對似的……他所受到的學校教育，不到四年，他父親因為還不起債而入獄，使這個年輕人飽嘗飢餓的滋味。最後，他找到一份工作……他的工作是在一間老鼠滿

地跑的貨倉裡，貼墨水瓶上的簽條。

　　夜晚，他跟另外兩個來自倫敦貧民窟的骯髒頑童，住在樓頂的一小間暗房裡。他對於寫作的自信心很弱！當他第一篇稿子完成時，生怕會給人家譏笑，只得在夜間，悄悄地把稿子投入郵箱裡。他接連地寫稿、投稿，但他所寄出的那些稿子，也接連地都給退了回來。

　　可是，偉大的一天來了，他的一篇稿子被發表了。其實，他連一先令的稿費也沒得到，但錄用他那篇稿子的編輯，讚許他的作品，這個年輕人高興極了，流著淚，漫無目的地走在街上。由於一篇稿子刊登，所得到的稱贊和承認，改變了他的終生事業。若不是那次鼓勵，這年輕人可能一輩子在那滿是老鼠的貨倉裡工作。那年輕人的名字，或許你知道，他就是英國大文學家——狄更斯。

　　那是五十年前的事，有一個年輕人在一家店鋪裡工作，他每天早晨五點鐘就要起來打掃店鋪，一天做十四小時的苦工。這樣經過了兩年，年輕人實在忍受不下去了。某天早晨，他等不及吃早餐，一口氣走了 15 里路，去找他那替人做管家的母親商談。

　　他像是瘋了似的向他母親哭著哀求，他賭咒再也不回那家店鋪工

作了；如果他須再留在那店中，他就要自殺。他寫了一封很長而悲慘
的信給他的老校長。說他心已破碎，不想再活下去了……他的老校長
給了他一些讚美，說他是個聰明的年輕人，應該找一份更適合他去做
的工作，然後給他一個教員的職位。

　　那個讚許，改變了那年輕人的將來，並在英國文學史上，留下了
一個無法磨滅的印記。因為那年輕人從此以後，完成了 77 部書，用
他的筆賺進了一百多萬元……或許你知道他是誰了，他就是英國史學
家──威爾斯。

　　是的，就如前面所說的，我們具有各種潛在的能力，可是卻不慣
於利用。這潛在的能力，其中一項，就是稱贊別人、激勵別人，讓他
們知道自己這股潛在的能力，所蘊藏的神奇效力。

　　所以，要改變一個人的意志，而不觸犯，或是引起反感。
　　第六項規則是：
　　稱贊最細微的進步，而且稱贊每一個進步。

給人一個美好的名譽去表現

　　我的朋友琴德太太，住在紐約白利斯德路，她剛雇好一個女佣，告訴她下星期一開始上班。琴德太太打電話給那女佣以前的雇主，那太太指這個女佣並不好。當那女佣來上班時，琴德太太說：

　　「妮莉，前天我打電話給你以前做事的那家太太。她說你誠實可靠，會做菜，會照顧孩子，不過她說你平時很隨便，總不能將房間整理乾淨。

　　「我相信她說的是沒有根據的，你穿得很整潔，這是誰都可以看出來的……我可以打賭，你收拾房間，一定同你的人一樣整潔乾淨。我也相信，我們一定會相處得很好。」

　　是的，她們果然相處得非常好，妮莉不得不顧全她的名譽，所以琴德太太所講的，她真的做到了。她把屋子收拾得乾乾淨淨，她寧願自己多費些時間，辛苦些，也不願意破壞琴德太太對她的好印象。

　　包德文鐵路機車工廠總經理華克倫，說過這樣的話：「一般人，都會願意接受指導，如果你得到他的尊敬，並且對他的某種能力表示尊敬的話。」

　　我們也可以這樣說，如果你想改善一個人某方面的缺點，你要表

示出，他已經具有這方面的優點了。

　　莎士比亞說：「如果你沒有某種美德，就假定你有。」這好比是「假定」對方有你所要激發的美德，給他一個美好的名譽去表現，他會盡其所能，也不願意使你感到失望的。

　　雷布利克在她的《我和梅特林克的生活》一書中，曾敘述過一個低卑的比利時女佣的驚人改變。

　　她這樣寫著說：「隔壁飯店裡有個女佣，每天替我送飯菜來，她的名字叫『洗碗的瑪麗』。因為她開始工作時是廚房裡的一個助手。她那副長相真古怪：一對鬥雞眼，兩條彎彎的腿，身上瘦得沒有四兩肉，精神也是顯得無精打采、迷迷糊糊的。

　　「有一天，當她端著一盤麵來給我時，我坦白地對她這樣說：『瑪麗，你知不知道你有內在的財富？』

　　「瑪麗平時似乎有約束自己感情的習慣，生怕會招來什麼災禍，不敢做出一點喜歡的樣子，她把麵放到桌上後，才嘆了口氣說：『太太，我是從來不敢想到那些的。』她沒有任何懷疑，也沒有提出更多的問題，她只是回到廚房，反覆思索我所說的話，深信這不是人家開

她的玩笑。

「就從那天起，她自己似乎也考慮到那件事了。在她謙卑的心裡，已起了一種神奇的變化。她相信自己是看不見的暗寶之寶；她開始注意修飾她的面部和身體。她那原來枯萎了的青春，漸漸洋溢出青春般的氣息來。

「兩個月後，當我要離開那地方時，她突然告訴我，她就要跟廚師的侄兒結婚了。她悄悄地告訴我：『我要去做人家的太太了！她向我道謝。我只用了這樣簡短的一句話，就改變了她的人生。」

洗碗的瑪麗，這樣一個美好的讚譽，改變了她的一生。

當時利士納要影響在法國的美國士兵的行為時，也用了同樣的方法。哈巴德將軍——一位最受人們歡迎的美國將軍，他曾經告訴利士納說，在他看來，在法國的 20000 萬美國士兵，是他所接觸過的最合乎理想、最整潔的隊伍。

這是不是過分的讚許？或許是的。可是我們看到利士納如何應用它！利士納說：「我從未忘記把哈巴德將軍所說的話，告訴士兵們，我並沒有懷疑這話的真實性，即使並不真實，那些士兵們知道哈巴德

將軍的意見後，他們會努力去達到那個水準。」

有這樣一句古語：「如果不給一條狗取個好聽的名字，不如把它勒死算了。」這話雖然有點誇張，但不無道理。

幾乎包括了富人、窮人、乞丐、盜賊在內的每一個人都願意竭盡其所能，保持別人贈予他的「誠實」的美譽。

星星監獄獄長洛斯說：「如果你必須去對付一個盜賊、騙子，只有一個辦法可以制服他，那就是待他如同一個誠實、體面的紳士一樣，假設他是位規規矩矩的正人君子。他會感到受寵若驚，他會很驕傲地認為有人信任他。」

——這句話太重要，太好了！

所以，你要影響一個人的行為，而不引起他的反感。

記住第七項規則，那是：

給人一個美名讓他去保全。

用鼓勵來糾正對方會產生奇蹟

我有一個尚未結婚的朋友，年已 40 歲，不久前才訂婚。他未婚妻勸他學跳舞，這在他來說，或許太遲了。他告訴我經過情形的時候，他說：「天曉得，我需要學跳舞——因為我現在跳起來，還是像 20 年前開始學跳舞的時候一樣。我所請的第一位老師，說的或許是真話。她告訴我說，我的舞步完全不對，必須從頭再學起，但那使我很灰心。我無心再繼續學了，所以我辭掉了她。

「第二個老師，說的也許不是實在話，可是我聽了很高興。她冷漠地說，我跳的舞步有點舊式，可是基本步子是對的，她說我不難學會幾種流行的新舞步。

「第一個老師，打消了我的興趣，第二個老師恰好相反，她不斷地稱贊我，減少了我舞步上的錯誤。她肯定地對我說：『你有一種很自然的韻律感，你該是一位天才的舞蹈家。』可是我自己知道，我只是一位四流的舞蹈者。可是，在我心裡，卻希望她所說的也許是真的。是的，或許是我付了學費，才使她說那些話的。

「但無論如何，我現在所跳的舞步，要比她還沒有說我有一種『很自然的韻律感』那句話前，感到好多了。我感謝她，她那句話鼓勵了我，給了我希望，使我自己願意改進。」

告訴一個孩子、一個丈夫，或是一個員工，他在某一件事上愚蠢至極，沒有一點天分，他所做的完全不對。那你就破壞了他想要進取、上進的心情。可是，如果運用一種相反的技巧，多給人們一些鼓勵，把事情看成很容易。使對方知道，你對他有信心，他有尚未發展出的才幹，那他就會付出最大的努力，爭取到這個勝利。

　　那是湯姆士所用的方法——他該是人際關係學上，一位偉大的藝術家。他會成全你，給你信心，他用勇氣和信任來鼓勵你。我現在舉出一個例子來：

　　最近我同湯姆士夫婦消磨周末，星期六晚上，他們約我一起玩『橋牌』。『橋牌』，那對我來講是一竅不通，這遊戲，對我就像一個極神秘的謎。「不，不，我不會！」我不得不這樣說。

　　湯姆士說：「戴爾，這並沒有什麼技巧，玩橋牌時，只要用點記憶和判斷就行了，此外談不上任何的技巧。你曾寫過一章關於記憶方面的文章，所以，橋牌對你是一項極容易學會的遊戲。」

　　這是我有生以來，第一次坐在橋牌桌上，那是由於湯姆士說我有玩橋牌遊戲的天賦，而使我感覺這種遊戲並不難。

　　談到橋牌遊戲，使我想麥克遜來。凡玩橋牌的場所，沒有人不知

道麥克遜這個名字的。他所著的有關橋牌的書籍，已經被譯成 12 種語言，銷售發行的數量，不下 100 萬冊。可是，他曾經這樣跟我講過──若不是有一個少婦告訴他，說他有玩橋牌的天賦，他一定不會以玩橋牌遊戲為職業。

當他在 1922 年來到美國時，他打算找一個教哲學或是社會學的職業，可是沒有結果。後來，他替人家推銷煤，結果失敗了。最後，他替人家推銷咖啡，也一無所成。那時候，他從未想到去教人玩橋牌遊戲。他不但是個不精於玩牌的人，而且很固執；他常會找出很多麻煩的問題去問對方，所以誰也不願意跟他一起玩牌。

後來他遇到一位美麗的橋牌老師狄侖女士，並對她產生了愛情，他們就結婚了。當時，狄侖注意到他十分細心的分析自己手裡的牌，於是說他對於橋牌有潛在的天賦。麥克遜對我說，就是由於狄侖那句話的鼓勵，使他後來成為職業的玩橋牌專家。

所以，如果你要改變人們的意志而不觸犯或是引起反感。

第八項規則是：用鼓勵來糾正對方會產生奇蹟。

使對方樂意接受你的建議

　　一九一五年，美國舉國震驚，因為就在一年前，歐洲各國彼此殘殺，規模之大，為人類戰爭史上所罕見。和平能實現嗎？沒有人知道。可是，威爾遜總統卻決心要為這件事而努力，他要派一個代表，一個和平專使，去和歐洲那些軍閥們會商。

　　當時國務卿勃雷恩，是主張和平最有力的人，他希望為這件事奔走。他看出這是個絕好的機會──可以完成一樁名垂後世的偉大任務。可是威爾遜總統卻派了另外一個人，那是勃雷恩的好友郝斯上校。郝斯上校如果把這件事告訴勃雷恩，而不惹起勃雷恩的憤怒，是很不容易做到的事。

　　郝斯上校的日記上寫著：「當勃雷恩聽說我要去歐洲擔任和平專使，顯然他感到極大的失望。勃雷恩表示，這件事原本他是準備自己去的。

　　「我回答說：『總統認為一位政府大員擔任這件事，是非常不適宜的。如果去了那裡，會引起人們極大的注意，美國政府怎麼派一個國務卿來磋商此事？』」

　　你是否有看出這話中的暗示？郝斯上校似乎就在告訴勃雷恩他的職位是何等重要，擔任那項工作是極不適宜的。而勃雷恩滿意了。

　　機警而富於處世經驗的郝斯上校，他做到了人與人之間關係中，一項重要的規則，那是：「永遠使人們樂意去做你所建議的事。」

　　威爾遜總統請麥克杜做他的閣員時，也運用了這項規則！那是他能給任何人的最高榮譽，可是威爾遜總統的做法，更使別人感覺到自己加倍的重要。這裡是麥克杜自己敘述的故事：

　　「威爾遜總統說他正在組織內閣，如果我答應擔任財政部長一職，會使他非常高興。他把這件事說得叫人非常的開心；他使我覺得我如果接受這項榮譽，就好像我幫了他一個大忙。」

　　可是不幸的是，威爾遜總統沒有永遠運用那一種技巧，如果他運用了的話，歷史的演變，或許跟現在就不一樣了。

　　例如：關於美國加入國際聯盟，並沒有獲得議院和共和黨的贊同。威爾遜總統拒絕帶洛德、休士，或是其他著名的共和黨黨員隨行參加和平會議，反而帶了兩個黨內並沒有名望的人，去參加會議。他冷落了共和黨，使他們覺得創辦國聯不是他們的意見──這是他的意思，不要他們插手。威爾遜粗率的處置，摧毀了他自己的事業、損害了他的健康，甚至影響到他的壽命。這使美國始終未加入國聯，並且改變了以後世界的歷史。

著名的雙葉出版商，永遠遵守這項規則：「使人們樂意去做你所建議的事。」他們明確的履行這項規則。名作家亨利說，那家雙葉，有時拒絕替他出版某一部書，可是拒絕得非常謙恭得體，決不使人有不愉快的感覺。亨利覺得雙葉雖然拒絕了他，可是比別家接受他的小說還值得高興。

　　我認識一個人，有許多人請他去演說，因此，他必須拒絕不少人。來邀請他去的，都是他的朋友，或是那些極有聲望的人。然而，他婉辭得非常巧妙，對方雖然遭他拒絕，可是還感到滿意。

　　他是如何應付他們的？是告訴他的朋友，太忙抽不出時間？或是其他什麼原因。不，不是的。他表示感激對方的邀請，同時感到非常抱歉，接著他建議一位能代替他演說的人。也就是說，他不會使人感到不愉快。

　　他會做這樣的建議：「你為什麼不請我的朋友，勃洛克林（鷹報）的編輯洛格斯先生為你們演講？你有沒有想到那位伊考克先生？他曾在巴黎住了 15 年，關於他在歐洲當特派通訊員的經驗，相信會有許多驚奇的故事可說的。還有那位郎法洛先生，他有很多在印度打

獵時拍攝的影片。」

　　萬特是紐約一家印刷公司的經理，他要改變一位技術師的態度和要求，而不引起反感。這位技術師負責管理若干台打字機和其他日夜不停在運轉的機器。他總是抱怨工作時間太長，工作太多，他需要一個助手。

　　可是那位萬特先生沒有縮短他的工作時間，也沒有替他添加任何一個助手，卻使這位技師高興起來，這是什麼原因？萬特想出的主意很簡單，他給那位技師一間私人辦公室。辦公室外面掛上一塊牌子，上面寫著他的名字和頭銜——服務部主任。

　　這麼一來，他不再是任何人可以隨便下命令使喚的修理匠了。他現在是一個部門的主任，他有了自尊、自重的感覺，這位服務部主任現在很高興，已不再抱怨了。

　　是不是太幼稚了？或許是的……可是就有這樣一件事，發生在拿破崙身上。當他訓練榮譽軍時，發出 1500 枚十字徽章給他的士兵，封他的 18 位將軍為「法國大將」，稱他的軍隊為「偉大的軍隊」的

時候，人們也說他孩子氣，譏笑他拿玩具給那些出生入死的老軍人。拿破崙回答說：「是的，有時人就是受玩具所統治。」

這種以名銜或權威贈予的方法，對拿破崙有效，對你同樣有效。

例如：前面我曾提到過我的一個朋友——紐約的琴德夫人。她家裡有一塊草地，常被那些頑皮的孩子所踩壞，使她受到很大的困擾。琴德夫人對那些孩子勸告、嚇唬都不管用，可是終於給她想出一個辦法來了……

她從他們之間，找出一個最壞的孩子，並給那孩子一個名銜，使他有一種權威的感覺。她叫那孩子做她的「密探」，專門偵察那些侵入她草地的孩子們，她這個辦法果然有效。做她「密探」的那個孩子，在後面院子燃起一堆火，把一條鐵棍燒得紅紅的，恐嚇那些孩子，誰再闖進草地，他就用燒紅的鐵燙誰。

這就是人類的天性。

所以，你要改變他人的意志，而不引起他的反感、抱怨。

第九項規則是：

使人們樂意去做你所建議的事。

總而言之，使人同意你的九種方法：

第一、用稱讚和真誠的欣賞作開始。

第二、間接地十豐出人們的錯誤。

第三、在批評對方之前，不妨先談談你自己的過錯。

第四、發問時，別用直接的命令。

第五、顧全對方的面子。

第六、稱讚最細微的進步，而且稱讚每一個進步。

第七、給人們一個美名讓他去保全。

第八、用鼓勵來糾正對方會產生奇蹟。

第九、使人們樂意去做你所建議的事。

第七章

創造奇蹟的信

　　我敢打賭，我知道你現在在想些什麼，你可能正對自己這樣說：「《創造奇蹟的信》！太可笑了，那是賣狗皮膏藥的藥品廣告！」

　　如果你有這樣的想法，我不會怪你。若是 15 年前，我拿起這樣的一本書，我也會有那樣的想法。是不是覺得懷疑？好吧，我喜歡「懷疑」的人，我在 20 歲以前，一直住在密蘇里州……我就喜歡「不相信」的人。似乎人類思想之所以有進步，都是從懷疑、發問和挑戰而來的。

　　我們應該誠實，像我用《創造奇蹟的信件》這題名是準確的嗎？

　　嗯，坦白地說，那是不準確的。

　　說實在的，這個標題把事實輕描淡寫了！這裡所發表的信件，它所獲得的結果，被批評有比奇蹟好上一倍的效果。誰下的這個斷語？那是達克……他是美國最著名的推銷專家，曾擔任敏維爾公司推銷主任，現在是比德公司廣告主任，同時也是全國廣告聯合會的主席。

　　達克先生說，他以前寄給代理商的詢問函件，所得到的覆函，總數不到發出信函的 8%。如果有 15%的回信，他就認為是很不錯了。他還這樣告訴我，如果回信比例達到 20%，那該是奇蹟了。

　　可是達克有一封信，即在本篇中披露出來的這封，它的回覆比例

數竟達到 42.5%，也就是說比「奇蹟」還好上一倍。你別發笑，這封信不是兒戲，也不是意外，其他許多信件也獲得了同樣的效果。

他是怎麼做到的？這是達克自己說的：

「在我加入卡耐基先生講習班後，信件的效力立即增加。我知道我過去所使用的方法完全錯誤。我試行這本書上的每一個原則，結果我發出的信函，竟然增加 500%~800%的效果。」

這裡是原信……這封信裡的語氣、含意，使人很願意為發信人做點事情，並且使對方有種自重、高貴的感覺。我的評語注在括號裡。

「親愛的勃萊克先生：

我不知道你願不願意幫我解決一點小困難？

（讓我們先把情形弄清楚：試問一個遠在亞利桑那州的木材商，突然接到紐約敏維爾公司一位高級職員的來信。而這封信一開頭就說，那位紐約的高級職員要請對方幫助他解決一項困難。我們可以想像到亞利桑那州的那位木材商，會對自己這樣說：

「好吧！如果紐約那位先生，真遇到什麼困難，那他是找對人了。我一向願意幫助人家，我看看他到底遇到了什麼難

題。」）

　　去年，我曾使我們公司相信各家木材代理商銷售增加的原因，是由於我們敏維爾公司舉辦了直接通訊的效果。

　　最近，我寄出各商家的詢問函件有 1600 封，使我感到興奮的是，已收到他們覆函數百封，那表示他們贊成這項合作。

　　因此，我們又完成了一項直接通訊的新計劃，相信你也會喜歡的。

　　可是，今天早晨我們公司總經理，和我討論到關於去年所實施計劃的報告，並問我關於營業額方面的情形如何，究竟有多少買賣成交？所以，我必須請你幫助我，讓我能獲得這項資料。

　　（請你幫助我獲得這項資料，這是一句很好的措辭，那位紐約大商人說了實在話，同時他也給遠在亞利桑那州的一個代理商，誠實而懇切的重視。可是需要注意的是：達克並沒有說出一句他公司如何重視對方的話。可是，他使對方立即知道，他是如何需要對方的賜予和幫助。

　　達克又向對方承認極需要對方幫這個忙，不然無法向總經理作出圓滿的報告。亞利桑那州那位商人，也具有普通的人性，當

然喜歡聽這些話。）

　　我請求你幫助的是：一、在來函附上的明信片上，請你告訴我，去年你所成交的生意，有哪些是由直接通訊獲得成功的。二、請你告訴我，那些買賣的總額是多少。如果你肯賜下覆函，我非常感激。我對你所提供的資料，極是珍惜，而且感謝你的好意。

　　　　　　　　　　　　　推銷部主任達克敬啟」

　　這是很簡單的一封信，是不是？但它卻能產生奇蹟……因為請對方幫忙，使對方有了自尊、自重的感覺。

　　那種心理是有效的，不論你是銷售海綿屋頂材料或者是坐福特汽車去歐洲旅行。

　　現在有這樣一個例子：我和卡魯有一次去法國內地坐汽車旅行的時候突然迷了路。我們把那部「老爺車」停下問當地的村民，我們如何可以駛去一個大鎮。

　　這問路的效果，就像通了電流一樣……這些人穿的是木鞋，以為所有美國人都是有錢的，而汽車在那一帶更少見到。駕著汽車遊覽法

　　國的美國人，一定是百萬富翁，也許就是汽車大王福特的堂兄堂弟。

　　可是他們知道的事，有些是我們不知道的。我們比他們有錢，但我們把帽子脫下，恭敬有禮地向他們問路，就給了他們一種自重感。他們立刻開始說話，其中有一個，似乎覺得這是一個難得的機會，叫旁邊的人都安靜下來，他想要一個人「享受」這種指引我們走出迷途的快感。

　　你不妨自己試一試！當你下次到一個陌生的地方，把一個看來經濟、社會階層，比你低的人攔住，問他說：「不知你肯不肯幫我解決一點困難，請你告訴我如何到某某路、某某巷，好嗎？」

　　富蘭克林就用這種方法，把一個仇人變成一個終生的朋友。富蘭克林年輕的時候，他把所有的積蓄，都投資在一家小型的印刷廠中。他設法讓自己被選為費城議會的書記，因為那個職務，能使他做到公家的印刷生意。那位置對他來講，是很有利的，他希望能夠達到這個目的。可是，在他的前方，卻有個很大的障礙，議會中有個最富有、最有能力的人，他極不喜歡富蘭克林，不但不喜歡，他在演講中還公開毀謗富蘭克林。

這件事對富蘭克林非常的危險。所以，富蘭克林決心要使那個人喜歡他！

　　可是，他要如何進行呢？這是個難題⋯⋯他為那人做些有好處的事？不，那會引起對方的懷疑，說不定會更輕視富蘭克林！

　　富蘭克林聰明、能幹，他決不會這樣做，他做了一件正巧相反的事，他請那個仇人幫他一次忙。

　　富蘭克林向那人借 10 塊錢？不，不是的⋯⋯富蘭克林所求於那人的，是觸動他的虛榮，一件使對方認為高興的事。那是很巧妙的表示，富蘭克林對他的智慧和成就，表示讚賞。

　　這是富蘭克林寫的一段故事：

　　「我聽說他圖書室裡，有一本極少見到的奇書。我就寫了一封信給他，表示很希望能看到他所收藏的那一本書。

　　「我請他借我閱讀數天，他很快叫人把我所希求的書送來，一星期後，我如期還給他，同時還附上一封信，表示我很感激他的幫忙。

　　「幾天後，我們見面時，他開口跟我講話——這是從來沒有過的事——並且很客氣，就從那次以後，他表示願意幫助我任何一件事，

繼而我們成了很好的朋友，直到他去世的時候。」

　　富蘭克林去世迄今已有一百多年了，可是他所應用的心理學，這種請人幫助的心理學，仍然是人們所重視的。

　　例如：我講習班裡有個學員叫愛姆賽爾，他運用這種心理學，獲得了很大的成效。愛姆賽爾推銷鉛管和熱氣用品已經很多年了，他費盡腦筋，想要跟勃洛克林的一個鉛管技師做買賣。

　　這個鉛管技師，生意做得很大，同時信用也非常好，可是愛姆賽爾一開始就受到了打擊。這個鉛管技師，是個粗線條的人，是個蠻橫、粗暴的人物。他坐在辦公桌椅上，嘴上叼著一枝很粗的雪茄，每次見到愛姆賽爾就這樣說：「我今天什麼也不要，別浪費我的時間，你走吧！」

　　後來有一天，愛姆賽爾嘗試了一個新方法，這個方法，使他獲得了一個朋友和很多的訂貨合約。

　　愛姆賽爾的公司，打算在長島的皇后村，買一棟房子，開設分公司。那房子正好跟那鉛管技師的房子為鄰，因此他很熟悉房子的情

形。所以，這一次他去見那技師時，就這樣說：「某先生，今天我不是來跟你談買賣的，我是想請你幫一個小忙。如果你方便的話，那只需要一分鐘的時間就夠了。」

那鉛管匠嘴上叼著一支很粗的雪茄，一副財大氣粗的模樣，說：「嗯，好吧。你有什麼話？快說吧！」

愛姆賽爾說：「我的公司想在皇后村開一家分公司，你對這裡的情形，相信比任何人都清楚，所以我來請教你一點意見，你看這是不是一個很好的計劃？」

這是過去從沒有發生過的情況！這些年來這個鉛管技師對推銷員，都是咆哮怒喝，使他獲得一種高貴感。

可是現在，有個大公司的推銷員來請教他、徵求他的意見。

他拉過一張椅子，指了指說：「你坐下，」這次，他花了一小時的時間，詳細告訴愛姆賽爾，關於皇后村鉛業方面的情形。

他不但贊成在這裡開設分公司，同時替我計劃出購置地產的程序和購買貨物、開業的一切情形。他為一家有規模的鉛業公司指示營業方針……從這方面他獲得了高貴感。從公事談到私事，他變得十分友善，同時還告訴愛姆賽爾關於他家庭中困擾的事和衝突。

　　愛姆賽爾說：「那天晚上，我臨走的時候，我口袋裡不但裝進大批訂貨合約，而且還建立了鞏固商業友誼的基礎。我現在和這個過去對我狂吠、咆哮的人，一起打高爾夫球，過去那種態度已完全改變，這是由於我請他幫了一件，使他感到重要的事。」

　　讓我們瞧瞧達克的另一封信，再看他如何巧妙地運用這種「幫我一個忙」的心理學。

　　數年前，達克先生由於得不到商人、包工和建築師回答他詢問的信，感到非常苦惱。

　　那時候，他發給建築師、工程師的信常常收不到 1%的覆函。他認為有 2%的覆函已算不錯了，如果是 3%的話，那就更好了。10%如何呢？那該是一項奇蹟了。

　　可是下面的信，卻差不多得到了 50%的效果……也就是說，已超過他認為是奇蹟的五倍。那是些什麼樣的回信呢？兩三頁滿含友善的建議與合作的回信。

　　這裡是原信，你要注意他所用的心理學，和有些地方措辭上的技巧……這封信，跟上次那封，大致相信。

當你看這封信時，要注意用裡行間，盡量分析收信人心理上的感受，找出它何以會有高出奇蹟五倍的效果。

「親愛的杜先生：

我不知道你肯不肯幫助我解決一點困難？

一年前，我曾向我們公司建議：建築師們最需要的，是一本商品目錄，詳列本公司所有的建築材料，並且說明它的用途。

現在附函寄上一本，這是我們公司第一次提供的服務。

只是目前存書不多，本公司並不反對我再版的建議，但是需要有充分的資料，證明再版的書，能完成一次圓滿的任務。

所以，這件事希望能獲得你的幫助，我請你，還有全國其他49位建築師作我的評判員。

為了不致使你有太多的麻煩，我在信後附上幾個簡短的問題，如蒙賜答，感激不盡；並附上回郵，敬希不吝示下。只是這件事不敢對你有所勉強，可是對我來講，是否將這本目錄停止再版，那完全依你的經驗、建議為原則。

無論如何，你可確信我很感激你的合作，謝謝你。

達克謹啟」

　　這裡需要提出一句重要的警告……我由經驗知道，有些人看過這信，會機械式的運用這種心理學。所以我們需要盡量鼓起對方的自尊心，但不是運用諂媚，或是虛偽，如果誤引了這個出發點，是絕不會有效果的。

　　必須記住：我們每一個人，都是希望如何被人欣賞、如何被人重視……甚至會不顧一切的去達到這個目的。可是，沒有人會接受不誠懇的、虛偽的奉承。

　　我願意再說一遍：這書中所告訴你的原則，必須出自由衷才會有效果出現。我不希望人們用奸詭的騙術，去欺騙人家；而我所講的，只是一種新的生活方式。

作者簡介

　　戴爾・卡耐基，被譽為二十世紀人類最偉大的人生導師，也是成功學大師。

　　卡耐基於一八八八年 11 月 24 日出生在美國密蘇里州的一個貧苦農民家庭，是一個樸實的農家子弟，他的童年和其他美國中西部農村的男孩子並沒有什麼不同，他幫父母幹雜事、擠牛奶，即使貧窮也不以為意。這或許是因為他根本不覺得自己家裡很貧窮。在那個沒有農業機械的年代，他和父親同樣做著那些繁重的體力活，而一年的辛勞卻可能因為一場水災而付諸東流，或者被驕陽曬枯了，或者餵了蝗蟲。卡耐基眼見父親因為這些永無終止的操勞而備受折磨，發誓絕不拿自己的一生來和天氣賭每年收成到底是如何？

　　如果說卡耐基的童年和其他農村男孩子有什麼不同的話，那主要是受到他母親的強烈影響。她是一名虔誠的教徒，在嫁給卡耐基的父親之前曾當過教員。她鼓勵卡耐基接受教育，她的夢想是讓兒子將來當一名傳教士或教師。

　　一九〇四年，卡耐基高中畢業後就讀於密蘇里州華倫斯堡州立師範學院。他雖然得到全額獎學金，但由於家境的貧困，他還必須參加各種工作，以賺取必要的生活費用。這使他感到羞恥，養成了一種自

卑的心理。因而，他想尋求出人頭地的捷徑。在學校裡，具有特殊影響和名望的人，一類是棒球球員，一類是那些辯論和演講獲勝的人。他知道自己沒有運動員的才華，就決心在演講比賽上獲勝。他花了幾個月的時間練習演講，但一次又一次地失敗了。失敗帶給他的失望和灰心，甚至使他想到自殺。然而在第二年裡，他開始獲勝了。

　　當時，他的目標是得到學位和教員資格證書，好在家鄉的學校教書。但是，卡耐基畢業後並沒有去教書。他前往國際函授學校總部所在地丹佛市，為該校做推銷員，薪水是一天有推銷的佣金。

　　2美元，這筆收入可以支付他的房租和膳食，此外還儘管卡耐基盡了最大的努力，但是並不太成功，於是又改而推銷肉類產品。為了找到這種工作，他一路上免費為一個牧場主人的馬匹餵水、餵食，搭這人的便車來到了奧馬哈市，當上了推銷員，週薪為美元，比他父親一年的收入還要高。

　　雖然卡耐基的推銷幹得很成功，成績由他那個區域內的第名躍升為第一名，但他拒絕升任經理，而是帶著積攢下來的錢來到紐約，當了一名演員。作為演員，卡耐基唯一的演出是在話劇《馬戲團的包莉》中擔任一個角色。在這次話劇旅行演出一年之後，卡耐基斷定自

己幹戲劇這行沒有前途，於是他又改回推銷的老本行，為一家汽車公司推銷汽車和卡車。

　　但做推銷員並不是卡耐基的理想。在他從事汽車推銷時，他對自己的能力很懷疑。有一天，一位老者想買車，卡耐基又背誦了那套「車經」。老者淡淡地說：「無所謂的，我還走得動，開車只不過是嘗一嘗新鮮勁，因為我年輕時曾夢想成為汽車設計師，那時還沒有汽車呢……」老者的一番話，慢慢吸引了卡耐基。他詳細地和老者討論起自己在公司的情況，後來他們的談話又轉到了人生的話題。卡耐基講述了自己最近的煩惱：「那天凌晨，對看一盞孤燈，我對自己說：『我在做什麼，我的夢想是什麼，如果我想要成為作家，那為什麼不從事寫作呢？』您認為我的看法對嗎？」「好孩子，非常棒！」老者的臉上露出輕鬆的笑容，繼而說：「你為什麼要為一個你不關心又不能付你高薪的公司賣命呢？你不是想賺大錢嗎？寫作，在今天也是個不錯的選擇呀！」「不，老先生，放棄工作是不可能的，除非我有別的事可做。但是我能做什麼呢？我有什麼能力能讓自己滿意地賺錢和生活呢？」卡耐基問。

　　老者說：「你的職業應該是能使你感興趣，並發揮才能的。既然

寫作很適合你，為什麼不試一試？」這一句話，讓卡耐基茅塞頓開。
那份埋藏在胸中奔湧已久的寫作激情，被老者的幾句話給激活了。

　　於是，從那天起，卡耐基決定換一種生活。他要當一位受人尊
敬、受人愛戴的偉大作家。一個偶然的機會，卡耐基發現自己所在城
市的青年會（YMCA）在招聘一名講授商務技巧的夜大老師。於是他
前去應聘，並且被錄用了。

　　卡耐基的公開演說課程，不僅包括了演說的歷史，還有演說的原
理知識。除此之外，他還發明了一種獨特而非常有效的教學方式。

　　當他第一次為學員上課時，就直接點名讓學員談他們自己，向大
家講述他們日常生活中發生的事。當一個學員說完以後，另一個學員
接著站起來說，然後再讓其他學員站起來說。這樣，直到班上每一個
學員都發表過簡短的談話。

　　卡耐基後來說：「在不知道究竟該怎麼辦的情況下，我誤打誤
撞，找到了幫助學員克服恐懼的最佳方法。」

　　從此以後，卡耐基這種鼓勵所有學員共同參與的教學方法，成為
激發學員興趣和確保學員出席的最有效方法。雖然這種方法在當時尚

無先例，也沒有什麼方法可以評定他這套方法的效果，但它確實奏效了，並且已經在全世界教出了許多更會說話且更有信心的人。

這一哲理的成功，可以從成千上萬名畢業學員寫來的信中得到證明。寫這些信的學員有工廠工人、家庭主婦、政界人士、公司負責人、教師及傳教士，他們的職業遍及了各行各業。

卡耐基於一九五五年 11 月 1 日去世，只差幾個星期歲。追悼會在森林山舉行，被葬在密蘇里州他父母親墓地的附近。

國家圖書館出版品預行編目資料

人性的弱點／戴爾‧卡耐基　著；林郁　主編；
修訂二版 -- 新北市：新潮社文化事業有限公司，
2023.03
面；　公分
　　　ISBN　978-986-316-868-3（平裝）
1.CST：成功法　2.CST：人際關係

177.2　　　　　　　　　　　　　112000036

人性的弱點

戴爾‧卡耐基　著

林郁　主編

【策　劃】林郁
【制　作】天蠍座文創
【翻　譯】林郁工作室
【出　版】新潮社文化事業有限公司
　　　　　電話：(02) 8666-5711
　　　　　傳真：(02) 8666-5833
　　　　　E-mail：service@xcsbook.com.tw

【總經銷】創智文化有限公司
　　　　　新北市土城區忠承路 89 號 6F（永寧科技園區）
　　　　　電話：(02) 2268-3489
　　　　　傳真：(02) 2269-6560

印前作業　菩薩蠻電腦科技有限公司
　　　　　東豪印刷事業有限公司
　　　　　福霖印刷有限公司

修訂二版　2023 年 03 月